"十四五"职业教育国家规划教材

信息化教学技术（第2版）

◎ 倪　彤　张建强　主　编
　　程乐凯　汤　君　副主编

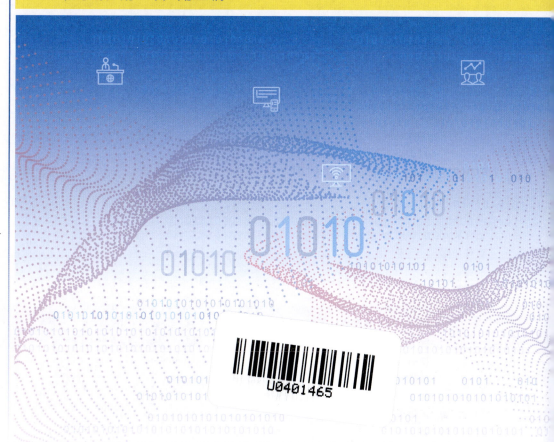

清华大学出版社
北京

内 容 简 介

对接数字时代、数字教育,遵循"掌握新一代信息技术、提升数字素养"的宗旨,本书精选了当下一线教师在教学中所要掌握的教育教学技术,旨在帮助他们掌握简练、实用的信息化教学技术,高效率、高质量地完成教学设计、教学实施和教学创新。全书由两大模块、38个任务组成,包括思维导图(4个任务)、PPT制作(4个任务)、交互式课件制作(4个任务)、动画制作(5个任务)、视频制作(剪映篇)(5个任务)、视频制作(Camtasia篇)(4个任务)、虚拟仿真(4个任务)、AI辅助技术(8个任务),每个任务的完成不仅有详细的操作方法,而且有相应的数字学习资源相配套,从而有助于实现从基本操作到创新运用的能力递增。

本书可作为跨学科的新一代信息技术学习教材,也可作为职业院校的一线教师提升数字素养、参加世界职业院校技能大赛教学能力比赛的技术手册。

本书封面贴有清华大学出版社防伪标签,无标签者不得销售。
版权所有,侵权必究。举报:010-62782989,beiqinquan@tup.tsinghua.edu.cn。

图书在版编目(CIP)数据

信息化教学技术 / 倪彤,张建强主编. -- 2版.
北京:清华大学出版社, 2025. 2. -- ISBN 978-7-302-68181-6
Ⅰ. G434
中国国家版本馆CIP数据核字第2025YR7354号

责任编辑:王剑乔
封面设计:刘 键
责任校对:袁 芳
责任印制:沈 露

出版发行:清华大学出版社
网　　址:https://www.tup.com.cn,https://www.wqxuetang.com
地　　址:北京清华大学学研大厦A座
邮　　编:100084
社 总 机:010-83470000
邮　　购:010-62786544
投稿与读者服务:010-62776969,c-service@tup.tsinghua.edu.cn
质量反馈:010-62772015,zhiliang@tup.tsinghua.edu.cn
课件下载:https://www.tup.com.cn,010-83470410

印 装 者:涿州汇美亿浓印刷有限公司
经　　销:全国新华书店
开　　本:185mm×260mm　　印　张:12　　字　数:306千字
版　　次:2020年6月第1版　2025年2月第2版　　印　次:2025年2月第1次印刷
定　　价:69.00元

产品编号:108931-01

前言（第2版）

深化教师、教材、教法的"三教"改革已成为当前职业院校提升办学质量和人才培养质量的重要切入点。教师是"三教"改革的主体，教材是"三教"改革的载体，教法（或教学模式、教学策略）是"三教"改革的路径。然而这一切都离不开教育教学技术的支撑。学校也正在经历由技术主导教学向技术服务教学的转变。缺乏技术的课堂是低效的、乏味的课堂已渐成共识。以动画、虚拟仿真和AI等为代表的新一代信息技术是新质生产力的重要组成部分，极大地提高了教师的课堂教学绩效，避免了教师在备课、课件、动画和虚拟仿真制作等方面浪费过多的时间，从而把更多的精力放在课程内容及资源建设方面。

作为数字时代合格的教师，就必须不断提高自己的数字素养，学会用技术解决教学中的问题。为此，我们应该做到：

（1）学为体、师为导。按照学生的学习习惯和认知规律改变我们的教学。摆正教师的位置，摈弃"教师中心主义""一言堂"，课堂上采用有针对性、引导性的讲解，只做情境创设、确定目标、讲授方法和推送资源的事情，尊重学生的主体地位。

（2）活到老、学到老。只有持续学习才能获得新知，增长才干，增强竞争力，跟上时代步伐。天下之大，知识浩瀚，正所谓"吾生也有涯，而知也无涯"。

（3）用新技、提绩效。在常态化教学和比赛中熟练操作、灵活运用新技术，提高课堂绩效，用新一代信息技术重塑教学新形态，帮助学生借助平台、技术和资源进行自主学习、个性化学习，提升其综合职业技能和职业素养。

本书第1版为"十四五"职业教育国家规划教材，第2版根据新时代的要求，顺应新技术尤其是AI技术的发展，对本书做了整体更新。模块一

PC 类针对技术发展和应用,对其具体内容做了重新分类和修订;模块二整体更新为 AI 类。新形态、新技术、融媒体是本书的特色,全书知识点和技能点均有相应的数字资源相配套,即扫即学。

  本书由倪彤、张建强担任主编,程乐凯、汤君担任副主编。全书由倪彤教授负责统稿和审定,模块一的项目一、模块二及配套数字资源制作由江西电子信息职业技术学院张建强老师负责,模块一的项目二至项目四及配套数字资源制作由合肥经济贸易科技学校程乐凯老师负责,模块一的项目五至项目七及配套数字资源制作由当涂经贸学校汤君老师负责,特此说明。

  由于编者水平有限,本书的疏漏之处还请广大读者批评、指正。

编　者
2024 年 10 月

目录

模块一 PC 类

项目一 思维导图 ··· 3
- 任务一 幕布(Mubu) ··· 3
- 任务二 亿图脑图(MindMaster) ································· 6
- 任务三 亿图图示(EdrawMax) ··································· 8
- 任务四 知识图谱 ··· 12

项目二 PPT 制作 ··· 18
- 任务一 PPT 新功能 ··· 18
- 任务二 WPS AI ··· 22
- 任务三 ChatPPT 插件 ··· 26
- 任务四 iSlide 插件 ··· 30

项目三 交互式课件制作 ··· 35
- 任务一 希沃白板(一) ·· 35
- 任务二 希沃白板(二) ·· 39
- 任务三 万彩演示大师(一) ····································· 45
- 任务四 万彩演示大师(二) ····································· 50

项目四 动画制作 ··· 56
- 任务一 Gif 版动画(ScreenToGif、Premiere Pro) ················ 56
- 任务二 卡通版动画(Yoya) ······································ 59
- 任务三 手绘版动画(VideoScribe) ······························· 65
- 任务四 万彩动画大师(一) ····································· 71
- 任务五 万彩动画大师(二) ····································· 77

项目五　视频制作（剪映篇）·· 82
　　任务一　媒体 ··· 82
　　任务二　关键帧 ··· 87
　　任务三　抠像 ··· 90
　　任务四　蒙版 ··· 94
　　任务五　字幕 ··· 98

项目六　视频制作（Camtasia 篇）··· 102
　　任务一　屏幕录制 ··· 102
　　任务二　视频剪辑 ··· 105
　　任务三　视觉和行为 ··· 110
　　任务四　音频和字幕 ··· 116

项目七　虚拟仿真 ·· 120
　　任务一　全景制作（PTGui Pro）··· 120
　　任务二　交互先锋（Nibiru Creator）····································· 124
　　任务三　万彩 VR ··· 134
　　任务四　助金数智教学 ··· 139

模块二　AI　类

项目八　AI 辅助技术 ··· 149
　　任务一　AI 搜索 ·· 149
　　任务二　AI 写作 ·· 153
　　任务三　AI 作图 ·· 158
　　任务四　AI 修图 ·· 163
　　任务五　AI 视频 ·· 168
　　任务六　AI PPT ·· 172
　　任务七　AI 分析 ·· 176
　　任务八　AI 数字人 ·· 180

参考文献 ·· 186

模块一　PC　类

项目一

思维导图

任务一 幕布（Mubu）

幕布（Mubu）

一、任务导入

幕布是结构化的思维工具，也是一个手机 App。幕布可将分级的文字一键转换为思维导图，此外，还能进行多人协同工作，将绘制的思维导图导出为图片、分享成二维码和网址等。

二、任务实施

步　骤	说明或截图
1. 输入网址：mubu.com，打开"幕布"工作界面。 单击"登录/注册"按钮。	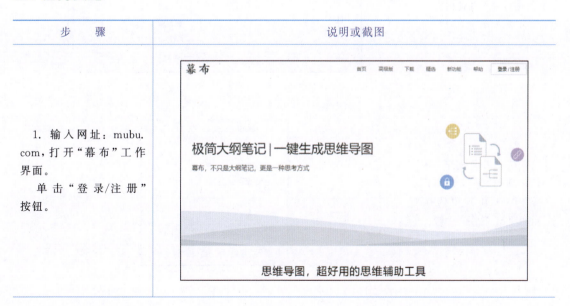

续表

步骤	说明或截图
2. 出现如右图所示画面，使用"微信"扫一扫，快速登录幕布。	
3. 单击"新建"→"新建文档"按钮，开始创建一个幕布文档。 先输入 ROOT 标题，然后逐行输入其他内容。	
4. 鼠标指向文字"分享"之前的"●"，出现下拉菜单，可在其中选择"添加图片"操作。	

续表

步骤	说明或截图
5. 单击"邀请协作"按钮，打开"邀请协作者"对话框，可对多人协作的文档分配管理员、编辑者、阅读者权限。	
6. 单击"查看思维导图"按钮，可一键生成思维导图，并可设定思维导图的外观样式，还可将思维导图导出成图片或 PDF 文档。	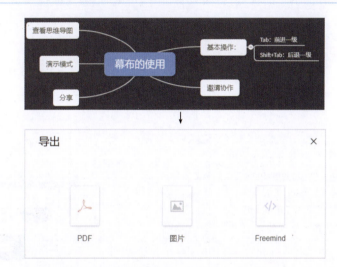
7. 选定思维导图的一个"分支"，打开悬浮的工具栏，可设定文本的属性、链接及颜色等。	
8. 单击步骤 6 图中的"分享"按钮，可将思维导图分享成二维码或网址。	

任务二　亿图脑图（MindMaster）

亿图脑图（MindMaster）

一、任务导入

　　MindMaster可将繁杂的知识和想法简化成一张张清晰的思维导图，使其以结构化、有序化的方式呈现，提高用户归纳、学习和记忆的效率，方便用户展示和讲解。MindMaster基于跨平台、云存储的产品优势，打破设备边界，可随时、随地捕捉灵感、激发创意。

二、任务实施

步　　骤	说明或截图
1．输入网址：www.edrawsoft.cn/mindmaster，打开MindMaster主界面，单击"免费下载"按钮，进行本地的客户端安装。	
2．启动MindMaster，出现登录画面，使用账号、密码或"微信"扫一扫，可快速登录MindMaster。	
3．单击"新建单向导图"按钮，开始创建一个导图文档。 可逐个编辑中心主题和子主题，按Enter键新建一个同级主题，按Tab键新建一个下级主题。	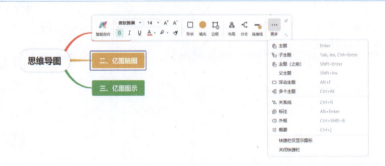

续表

步　　骤	说明或截图
4．展开右侧的折叠面板，在"布局"标签下可设定布局形状、主题颜色等。	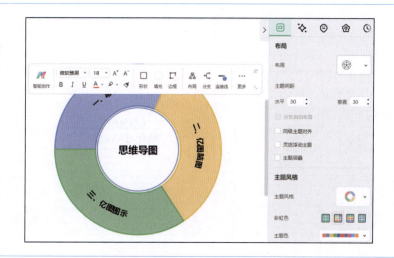
5．单击"插入"菜单，可在指定的位置插入图片、图标和剪贴画。此外，还能插入表格、数学公式等。	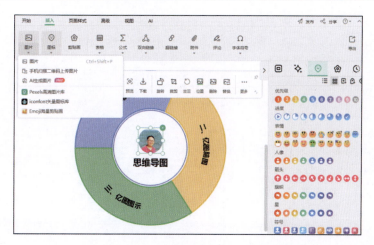
6．单击主导航栏中的PPT按钮，可进入MindMaster的全新演示模式，其中包括两个选项：AI生成PPT、将当前文件转化成PPT。	

续表

步骤	说明或截图
7. 单击"转换PPT"按钮,进入思维导图转PPT流程。 选定一个PPT模板,单击"智能创作"按钮,即可在云端创建一个PPT文档。	
8. 单击主导航栏中的"导出"按钮,打开"导出"对话框,在其上可选择多种文件格式进行输出。	

任务三　亿图图示(EdrawMax)

亿图图示(EdrawMax)

一、任务导入

EdrawMax是一款高效、便捷的办公绘图软件,涵盖210种绘图类型,例如流程图、架构图、工业设计、房屋平面图及思维导图等。此外,该软件还包括丰富的图表和AI一键制图的功能。

二、任务实施

步　　骤	说明或截图
1. 输入网址：www.edrawsoft.cn/edrawmax，打开 EdrawMax 主界面，单击"免费下载"按钮，进行本地的客户端安装。	
2. 启动 EdrawMax，出现登录页面，使用账号、密码或"微信"扫一扫，可快速登录 EdrawMax。	
3. 单击"基本流程图"按钮，再单击"新建空白绘图"按钮，进入流程图绘制界面。	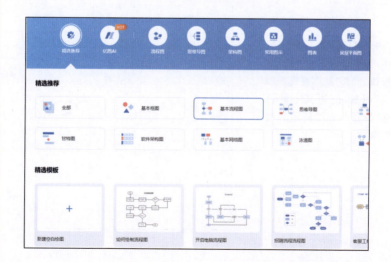

续表

步　骤	说明或截图
3. 单击"基本流程图"按钮,再单击"新建空白绘图"按钮,进入流程图绘制界面。	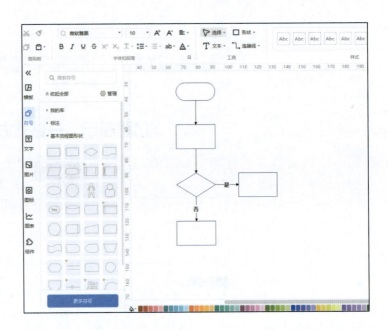
4. 删除掉预设的流程图,再单击左侧的"符号"按钮,展开"基本流程图形状"面板,使用其上的符号,绘制如右图所示的流程图。	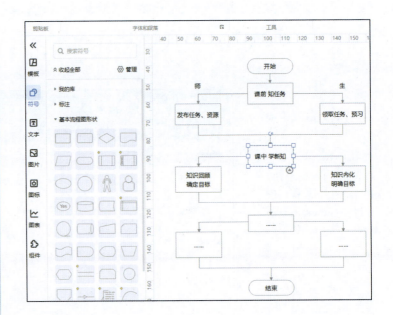

续表

步　骤	说明或截图
5. 使用浮动工具栏中的"填充""线条"按钮，对选定的对象进行颜色填充和描边。还可使用"格式刷"工具进行格式的快速复制。	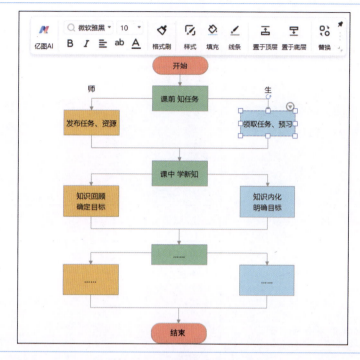
6. 单击左侧的"图表"按钮，展开"亿图图表"面板，使用其上的"圆环图"符号，准备绘制"圆环图"。	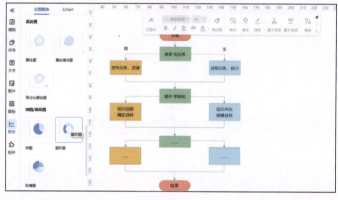
7. 选中圆环图，在其上方出现浮动的图表工具栏，据其可对图表类型、数据和样式等进行编辑。	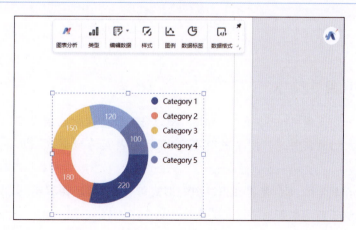

续表

步骤	说明或截图
8. 单击"编辑数据"按钮，可对图表的文本、数据和数据标签等进行编辑。	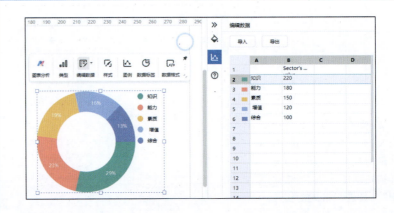
9. 选中一个或多个形状，选择"文件"→"导出为图像"命令，打开"导出"对话框，可以多种格式导出选定的形状（集）。	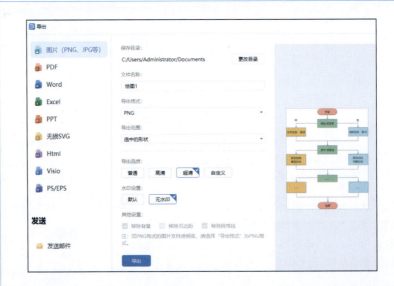

任务四　知识图谱

知识图谱

一、任务导入

知识图谱（knowledge graphic，KG）是一种结构化的语义知识库，它是用图的形式描述实体（概念）及其关系。图中的节点（point）代表实体或概念，边（side）代表实体间的各种语义关系。

在教学中，KG是将知识以图的形式可视化，梳理课程结构，明确知识点之间的逻辑关系并能够不断添加新的节点和关系。

在当下的主流教学平台,例如智慧职教、智慧树和学银在线等都自带有知识图谱功能,并可通过课程结构的导入,自动生成知识图谱。

本任务主要介绍 NRD Studio 这款免费的在线绘图软件操作与使用,用于快速构建知识图谱。

二、任务实施

步　骤	说明或截图
1. 在"必应"搜索引擎中输入 NRD,找到 NRD Studio(享岚脑图),单击进入后,可免费注册和登录。	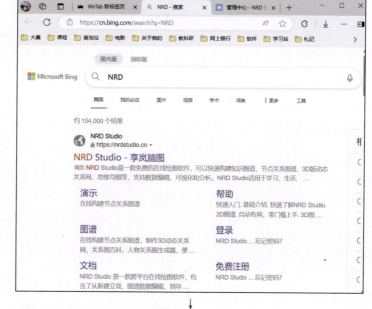↓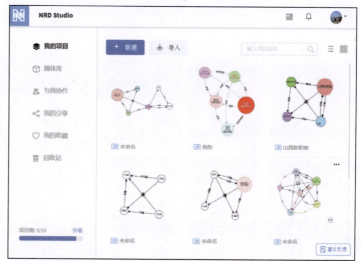

续表

步　　骤	说明或截图
2. 单击"新建"→"2D图谱"按钮，打开"新建项目"对话框，选中"默认空项目"，单击"新建"按钮，进入"知识图谱"绘制主界面。	 ↓ 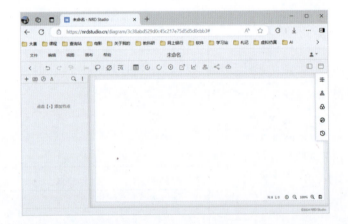
3. 单击"添加"按钮，新建一个节点，节点的属性包括基础、属性、形状、文本、插槽、布局和关系。 　　可对节点进行命名、更改大小、填充和描边颜色设定等。	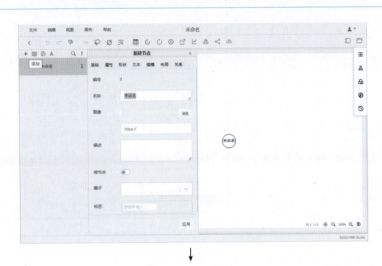↓

续表

步骤	说明或截图
3. 单击"添加"按钮,新建一个节点,节点的属性包括基础、属性、形状、文本、插槽、布局和关系。 可对节点进行命名、更改大小、填充和描边颜色设定等。	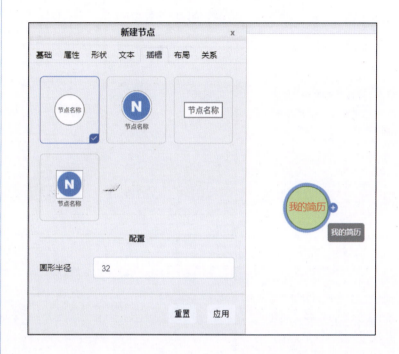
4. 单击节点右侧的"+"号(步骤3图),可添加节点或子节点、添加关系等操作。	

续表

步　骤	说明或截图
5. 对添加的节点或子节点,可通过"插槽"标签对节点的形状、圆形半径进行设定。	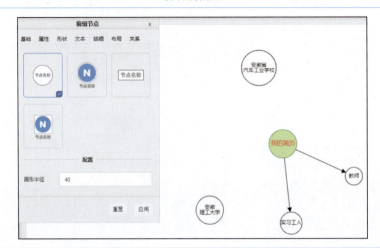
6. 选定节点再单击"关系"标签,可设定各节点之间的相互关系,例如,平行、包含、相关、隶属等。 关系箭头是从选定的节点指向其他节点。	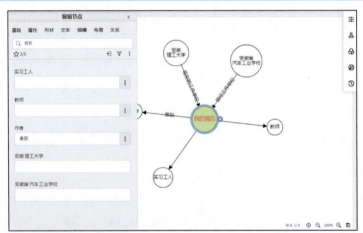
7. 单击"形状"标签,可对节点的填充和边框颜色及宽度进行设定。	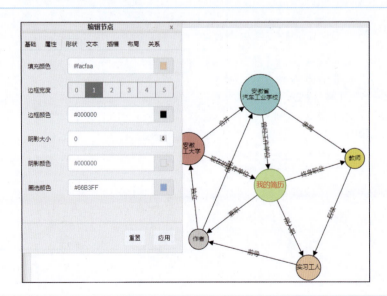

续表

步　　骤	说明或截图
8. 单击"预览"按钮,可以"筛选"或"动画"的形态查看知识图谱。	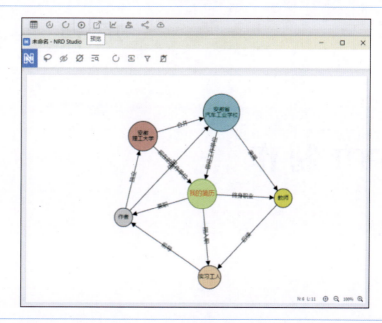
9. 单击"导出"按钮,可将知识图谱以图片文件或 PDF 文件等多种格式进行输出。	

项目二

PPT 制作

任务一　PPT 新功能

PPT 新功能

一、任务导入

无论何时，PPT 都是一线教师主要的课件制作工具。本任务主要是基于 PowerPoint 2024 操作环境，学习课件制作的一些新方法，如图形与文本的布尔运算、批量图片的快速排版等。

二、任务实施

步　骤	说明或截图
1. 新建一个 PPT 演示文稿，输入两行文本，再单击"插入"→"形状"→"矩形"按钮，插入一个矩形图形。	

续表

步骤	说明或截图
2. 单击"形状格式"→"编辑形状"→"编辑顶点"按钮,准备对矩形形状进行编辑。	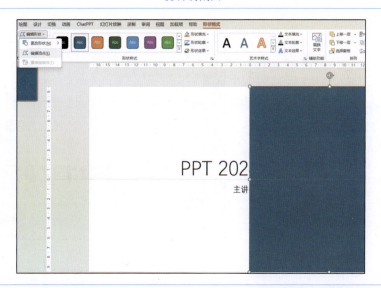
3. 选中矩形的节点,出现节点编辑控制线,调整矩形上、下节点两处的控制线,使矩形左侧呈S形曲线,如右图所示。	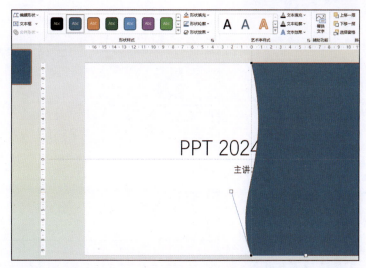
4. 选中下层的一个文本框,调整字体、字号并将其"置于顶层"。	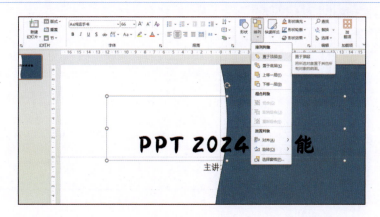

续表

步　骤	说明或截图
5. 先选定矩形，再加选顶层的文本框。 单击"形状格式"→"合并形状"→"组合"按钮，得到如图所示的重叠处"镂空"效果。	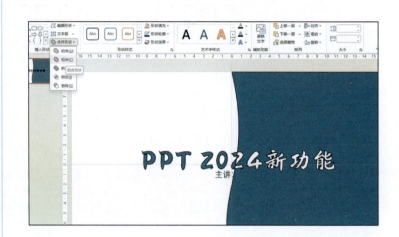
6. 新建一页幻灯片，单击"视图"→"幻灯片母版"按钮，准备对幻灯片母版进行编辑。 单击"插入占位符"→"图片"按钮，在画布中绘制若干图片占位符，如右图所示。	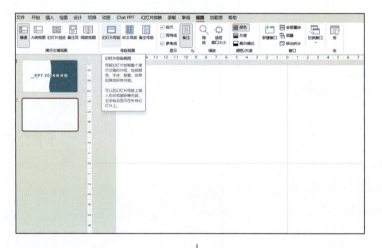 

续表

步骤	说明或截图
7. 退出幻灯片母版编辑并进入幻灯片编辑状态。 在幻灯片页面的空白处右击，在弹出的菜单中执行"版式"→"空白"（绘制了若干占位符的母版）命令。 单击"插入"→"图片"→"此设备"按钮，准备从本地插入一批图片。	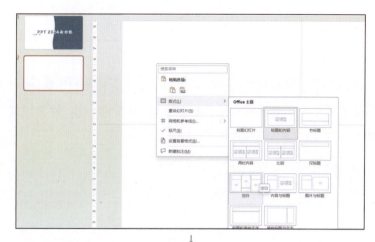 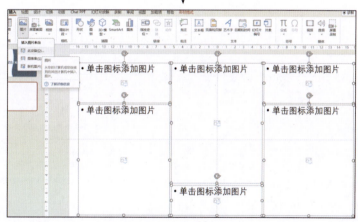
8. 从本地插入一批数量与占位符相等的图片，图片将自动匹配占位符，从而完成批量图片的自动排版。	

任务二　WPS AI

WPS AI

一、任务导入

WPS AI 是金山办公推出的一款基于大语言模型（LLM）的智能办公助手，主要是为用户提供智能化的文档处理和数据分析服务，包括智能写作、智能纠错、智能分析、智能推荐等，如工作总结、广告文案、社媒推文等。

二、任务实施

步　骤	说明或截图
1. 输入网址：https://ai.wps.cn/，打开 WPS AI 主界面。 在"AI 帮我写文档"对话框中输入一行提示词，再单击"创建文档"按钮。	 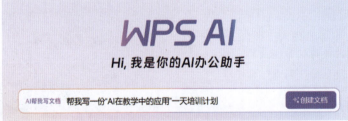

22

续表

步骤	说明或截图
2. WPS AI 基于 LLM 开始按提示词的要求撰写文案(如右图)。文档撰写完毕,单击"保留"按钮,进入文档编辑状态。	
3. 输入文档标题,再依次选中文档中要作为标题的文字,单击其前折叠的功能按钮,在展开的功能面板,单击 H1 按钮,设定选定的文本为"标题一",此时左侧的目录区就会出现相应的各级标题。	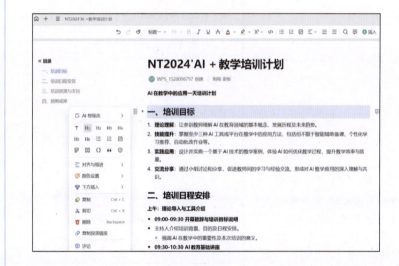
4. 单击右上角的"分享"按钮,展开相应的功能面板,再单击"导出为PDF"按钮,即可将 WPS AI 撰写好的文档下载至本地。	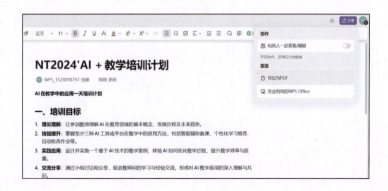

项目二 PPT制作

23

续表

步骤	说明或截图
5. 继续使用 WPS AI 生成一份 PPT 演示文稿，将 WPS AI 主界面定位在"AI 生成 PPT"，在对话框中输入一行提示词，单击"生成 PPT"按钮。	
6. WPS AI 开始拟定 PPT 文案大纲，文案编写结束，再单击"挑选模板"按钮，展开 WPS AI 预设的幻灯片模板，选定一个模板，再单击"创建幻灯片"按钮。	 ↓ 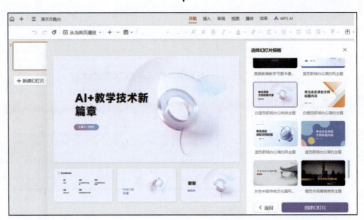

续表

步骤	说明或截图
7. WPS AI 开启 PPT 演示文稿的文字、图片自动生成及图文混排。	
8. 选中画面中要替换的图片，单击"更多格式"按钮，展开"图片"→"属性"对话框。 单击"替换图片"→"本地图片"按钮，即可完成 PPT 中的图片替换。	
9. 单击右上角的"分享"按钮，展开相应的功能面板，单击"下载为 pptx 文件"按钮，即可将 WPS AI 生成的 PPT 演示文稿下载至本地。	

任务三　ChatPPT 插件

ChatPPT 插件

一、任务导入

ChatPPT 是一个基于对话式 AI 创作 PPT 的平台,可以从网页链接、Word 文档、PDF 文档和 X-Mind 思维导图等多种方式生成 PPT,并提供智能排版、美化、动效等功能。

二、任务实施

步　　骤	说明或截图
1. 输入网址：https://chat-ppt.com/,打开 ChatPPT 主界面。 单击"下载插件安装包"按钮,可将 ChatPPT 安装至 PowerPoint 并形成其中的一个菜单。 单击"立即体验·AI 创作 PPT"按钮,进入网页版 PPT 制作。	
2. 在右下角的提示词输入框中输入一行提示词,出现三个主题,任选其一,单击"确认"按钮,确认标题。	

续表

步骤	说明或截图
3. 确认标题后出现PPT内容丰富度选择，单击"普通"按钮，出现"PPT大纲生成"确定界面，此处可对PPT大纲进行增、删、改，单击"使用"按钮。	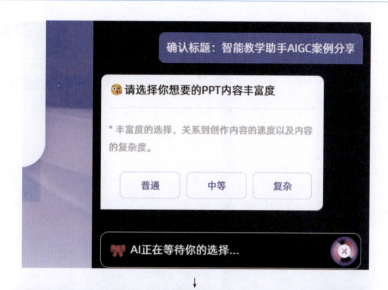 ↓ 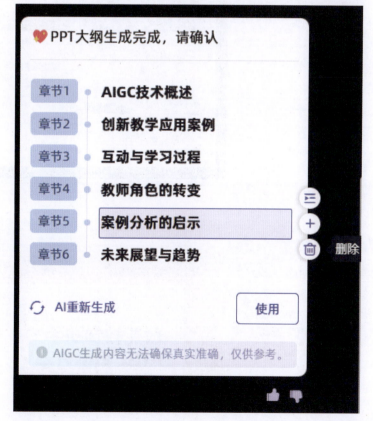

续表

步骤	说明或截图
4. 确认并使用PPT目录,出现PPT主题设计模板,选中其一并单击"使用"按钮。	
5. 在确认所选AI主题设计之后,ChatPPT开始进入自动创建过程,直至创作成功。	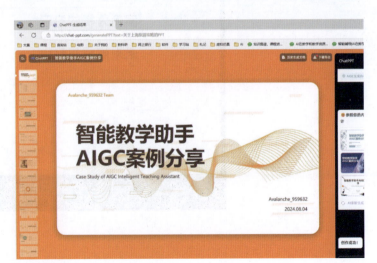

续表

步　　骤	说明或截图
6. 单击右上角的"下载导出"按钮，可将 ChatPPT 生成的 PPT 源文件下载至本地进行编辑。	
7. 在本地的 PowerPoint 演示文稿中可对 ChatPPT 生成的内容进行编辑。	
8. ChatPPT 在网页下载安装后，PowerPoint 中就出现一个 ChatPPT 菜单项，操作使用与 ChatPPT 网页版完全一样。	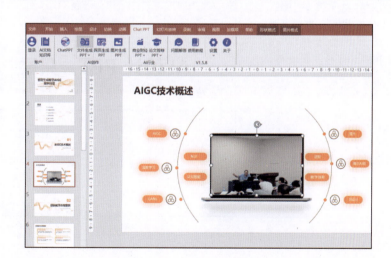

任务四　iSlide 插件

iSlide 插件

一、任务导入

　　iSlide 是一款高效的 PPT 制作工具,可独立运行,也可嵌入 PPT 或 WPS 软件功能菜单中,即装即用。iSlide 具有海量的图形、图片和模板素材,可对文字、图片进行 AI 编辑并可将 Word 文档、思维导图转换成 PPT。

二、任务实施

步　　骤	说明或截图
1. 输入网址:https://www.islide.cc/,打开 iSlide 主界面。 　　注册、登录之后,进入 iSlide 编辑状态,此时可通过输入主题、上传 Word 文档和思维导图源文件,生成 PPT 文档。	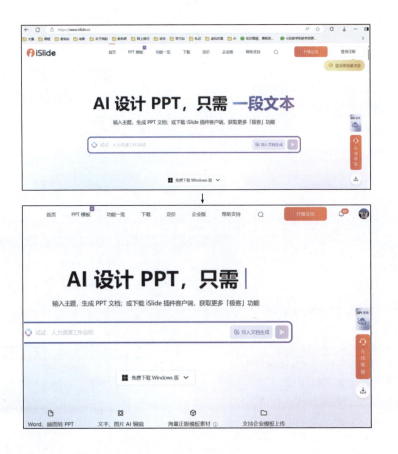

续表

步　骤	说明或截图
2. 在幕布(Mubu)的主界面,打开一个已编辑好的思维导图,单击右上角的"更多"→"导出/下载"按钮,将其导出为Freemind格式的导图文档。	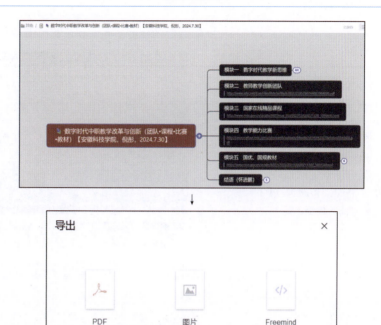
3. 单击"导入文档生成"按钮,打开相应的对话框,导入一个.mm格式的思维导图文档,iSlide开始解析并生成PPT大纲。	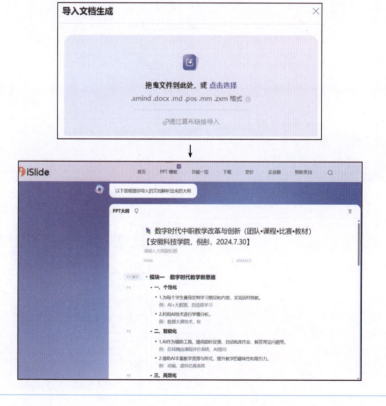

续表

步　　骤	说明或截图
4.单击"生成PPT"按钮,即可按默认的模板生成一个PPT文档。 单击"一键换肤"按钮,可更改PPT主题模板。 单击"下载PPT"按钮,可将iSlide生成的PPT演示文稿下载至本地。	
5.下载iSlide插件并安装,安装完毕,Word、PowerPoint两个软件中都将出现iSlide菜单项。	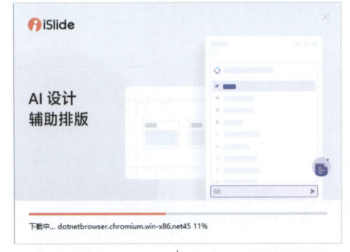 ↓ 

续表

步骤	说明或截图
6. 在 PPT 中插入一批图片，单击 iSlide 菜单下的"设计排版"→"裁剪图片"按钮，准备将这一批图片裁剪成相同的大小。 在"裁剪图片"对话框中设置如下。 裁剪尺寸：1∶1； 图片宽度：300。 单击"裁剪"按钮，这一批图片就全部裁剪成了相同的尺寸。	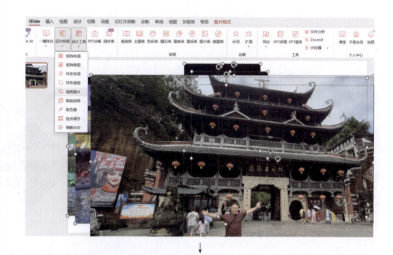 ↓ 
7. 单击 iSlide 菜单下的"设计排版"→"矩形布局"按钮，打开相应的对话框，在其中设置好横向数量、横向间距、纵向间距等数值，再单击"应用"按钮，这一批图片就按设定的数值进行规则排列。	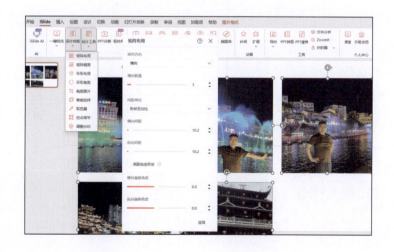

续表

步　骤	说明或截图
8. 单击"图片格式"菜单下的"裁剪"→"裁剪为形状"→"菱形"按钮，可以将这一批图片全部裁剪为"菱形"。	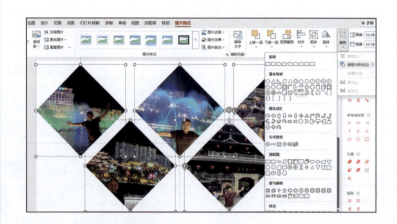
9. iSlide还提供了海量的设计素材，例如，案例库、主题库、色彩库、图示库、图表库、图标库、图片库和插图库等，均可直接使用。	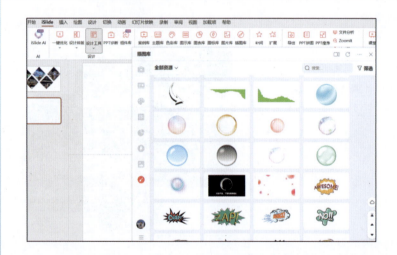

项目三

交互式课件制作

任务一 希沃白板(一)

希沃白板(一)

一、任务导入

希沃白板是一款专为各科教学设计的互动课件制作工具,提供云空间、课件库、知识胶囊、探索等多种功能,支持计算机、一体机、网页和手机等多终端兼容使用。

本任务主要是学习用希沃白板制作常规的教学课件和资源。

二、任务实施

步骤	说明或截图
1. 下载希沃白板软件并进行安装,运行程序,注册并登录,出现希沃白板主界面。	

↓

续表

步　　骤	说明或截图
1. 下载希沃白板软件并进行安装,运行程序,注册并登录,出现希沃白板主界面。	
2. 单击步骤1图中右上角的"新建课件"按钮,打开"新建课件"对话框,输入课件名称,单击"新建空白模板"按钮,创建一个新课件。	
3. 单击"更多背景"按钮,给课件添加一个预设的图片背景,也可使用本地图片作为课件的背景。	

续表

步骤	说明或截图
4. 输入文本、插入图形，单击右侧的功能面板，可对文本、图形添加并设置动画效果。	
5. 单击左侧的"新建页面"按钮，插入一个新的页面，在其中插入一个表格及思维导图。 可对表格的行列进行增、删、改及合并单元格操作。 可对思维导图的节点进行任意增减及样式设置。	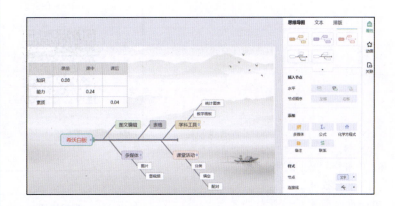
6. 单击左侧的"新建页面"按钮，再插入一个新的页面，在其中插入"学科工具"→"统计图表""数学画板"等，图表和画板中的数据还可进行编辑。	

步　　骤	说明或截图
7. 单击"授课"按钮，进入课件的播放状态。 　　选择"菜单"→"扫码分享"命令，可生成一个二维码供学生使用。	
8. 单击"手机投屏"按钮，打开手机投屏二维码，使用手机上的希沃白板App扫码，即可完成手机投屏操作。 　　在手机端选择传屏或摄像模式，即可将手机投射至屏幕或将手机作为一个摄像头进行直播操作。	 

任务二　希沃白板(二)

希沃白板(二)

一、任务导入

希沃白板除了可用于制作常规的教学课件,利用其课堂活动和学科工具还可制作互动课件。其知识胶囊、探索等附加功能,更是录屏、文字快剪和文件录制的利器。

本任务主要是学习用希沃白板制作交互式的教学课件和资源。

二、任务实施

步　骤	说明或截图
1. 启动并登录至希沃白板,新建课件并选择一个背景图片,单击"课堂活动"按钮,准备添加一个交互式的课堂活动。	

续表

步　骤	说明或截图
2. 在打开的"课堂活动"对话框中选择"球球拼词"项,单击"下一步"按钮,进入课堂活动编辑。	
3. 在"课堂活动"对话框中,逐行输入完整的词语,再单击"完成"按钮。	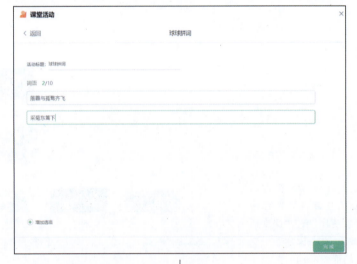↓

续表

步　骤	说明或截图
4. 单击"预览活动"按钮,可预览"球球拼词"交互式课堂活动的效果。	
5. 单击右上角的"分享"按钮,可将制作好的希沃白板课件以网址或二维码的形式进行分享。	
6. 返回希沃白板主界面,单击"知识胶囊"按钮,打开相应的对话框;单击"立即体验"按钮,开始安装"知识胶囊"程序。	

续表

步骤	说明或截图
6. 返回希沃白板主界面，单击"知识胶囊"按钮，打开相应的对话框；单击"立即体验"按钮，开始安装"知识胶囊"程序。	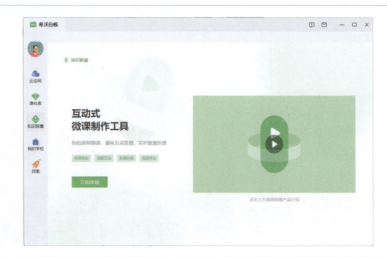
7. "知识胶囊"具有录制剪辑、趣味互动、快捷分发和数据反馈等功能。 在"知识胶囊"的主界面单击"屏幕录制"按钮，进入"屏幕录制"界面，此处可设定全屏录制或区域录制，单击"开始录制"按钮，开始录屏。	
8. 录制完毕，单击"进入剪辑"按钮，此时可在录好的视频任一位置添加一个交互环节课堂活动或习题。 例如，编辑好习题的题干及选项，单击"添加至素材库"按钮，完成习题入库操作。	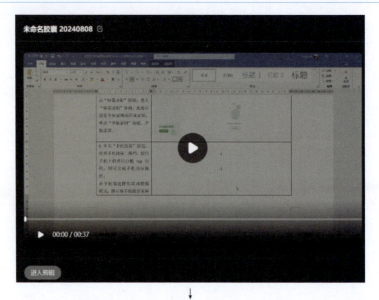↓

续表

步　骤	说明或截图
8. 录制完毕,单击"进入剪辑"按钮,此时可在录好的视频任一位置添加一个交互环节课堂活动或习题。 例如,编辑好习题的题干及选项,单击"添加至素材库"按钮,完成习题入库操作。	 ↓ 

续表

步　　骤	说明或截图
9. 确定当前插入点的位置,单击"添加至轨道"按钮,完成交互式习题的添加。 单击"生成胶囊"按钮,可发布生成的带交互的视频,并生成二维码供分享使用。	 ↓ 

任务三　万彩演示大师（一）

万彩演示大师（一）

一、任务导入

万彩演示大师（Focusky）是广州万彩信息技术有限公司出品的一款微课课件、动画PPT演示及动画宣传片制作软件，它打破传统的PPT切换方式，模仿电影、电视转场，加入生动酷炫的3D镜头缩放、旋转和平移特效，让幻灯片演示像一部3D电影播放，从而带来震撼的视觉冲击效果。

本任务主要学习用Focusky制作常规的教学课件和资源。

二、任务实施

步　骤	说明或截图
1. 输入网址：https://www.focusky.com.cn，打开Focusky网页。 单击"免费下载"按钮，下载并安装，注册账号、密码并登录，进到Focusky主界面。	

续表

步　　骤	说明或截图
2. 单击"新建工程"→"创建空白项目"按钮,进到 Focusky 的编辑状态。	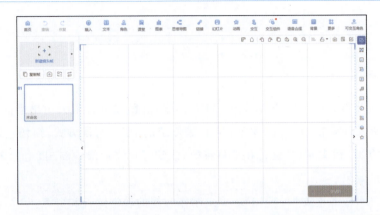
3. 单击功能区的"背景"按钮,可添加颜色、图片和视频背景,此处添加一个自定义的图片背景。	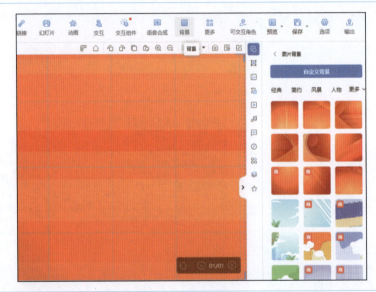
4. 单击功能区的"插入"按钮,插入一段文本和一个图形。 在右侧相应的功能面板可对文本和图形的属性进行设置。	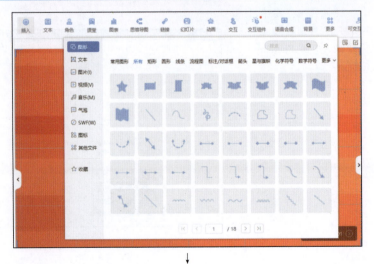↓

续表

步　　骤	说明或截图
4. 单击功能区的"插入"按钮，插入一段文本和一个图形。 在右侧相应的功能面板可对文本和图形的属性进行设置。	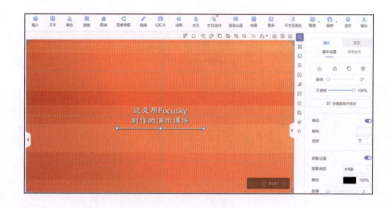
5. 单击功能区的"插入"按钮，插入一个本地图片，可调整插入图片的尺寸大小。 选中图片，单击"添加到帧"按钮，基于选定的图片新建一个"镜头帧"画面。	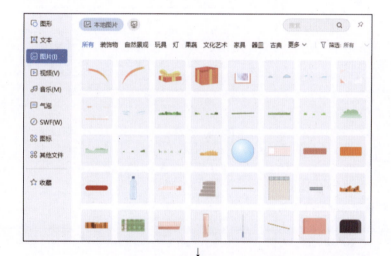 ↓ 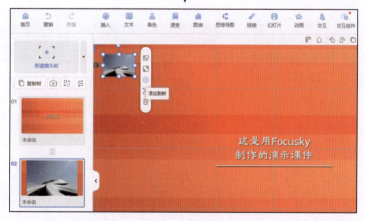

续表

步骤	说明或截图
6. 返回上一个镜头帧,单击功能区的"角色"按钮,插入一个年轻女教师动画角色。	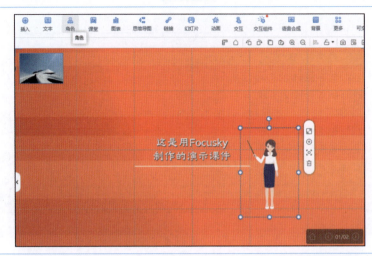
7. 单击功能区的"图表"按钮,插入一个等弧玫瑰图。 在右侧的功能区可对图表的行列进行增减,还可对图表的数据进行编辑。 选中图表,单击"添加到帧"按钮,基于选定的图表新建一个"镜头帧"画面。	 

续表

步 骤	说明或截图
8. 单击功能区的"插入"按钮,插入一个气泡图,编辑气泡图上的文本并将其选定。 单击"添加到帧"按钮,基于选定的气泡图新建一个"镜头帧"画面。 至此,四个镜头帧设计完毕,接下来就是对每个帧上插入的对象进行动画设置。	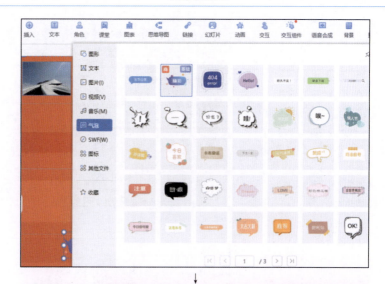 
9. 以第一个镜头帧为例。 选定一个对象,单击功能区的"动画"按钮,展开右侧的"动画"设置面板。 单击其上的"添加动画"按钮,打开"动画效果预设"对话框,鼠标指针指向其一即可预览动画效果,单击即可对选定的对象应用此动画。	

续表

步　骤	说明或截图
9. 以第一个镜头帧为例。 　　选定一个对象,单击功能区的"动画"按钮,展开右侧的"动画"设置面板。 　　单击其上的"添加动画"按钮,打开"动画效果预设"对话框,鼠标指针指向其一即可预览动画效果,单击即可对选定的对象应用此动画。	
10. 单击功能区的"输出"按钮,打开"格式输出"对话框,其上对应有多种输出格式。以输出 MP4 格式的视频文件为例。 　　设定好文件保存的位置、视频大小、输出格式等,单击"输出"按钮,完成视频文件输出。	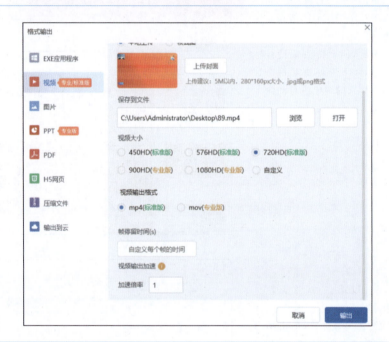

任务四　万彩演示大师(二)

万彩演示大师(二)

一、任务导入

在学习了用 Focusky 制作常规的教学课件和资源之后,本任务主要是学习 Focusky 的课堂、交互和交互组件,用来制作交互式演示课件及微课等资源。

二、任务实施

步　　骤	说明或截图
1. 启动Focusky，新建一个空白项目，再选定一张预设的图片做背景。 　　输入文本并选择预设的一种文本样式。 　　单击"显示所有物体（Home）"按钮，显示整个画布。	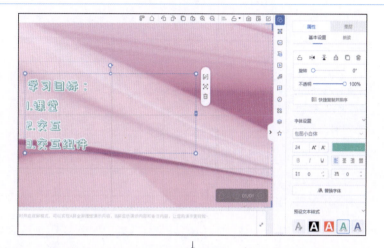 ↓ 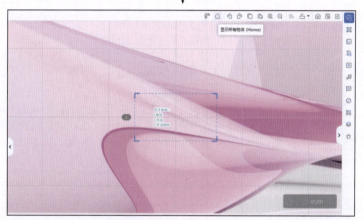 ↓
2. 单击左侧"复制帧"按钮，在右侧复制一个新的帧，再连续单击"复制帧"按钮两次，得到四个并列排放的帧。	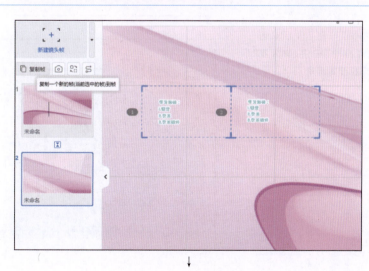↓

续表

步骤	说明或截图
2. 单击左侧"复制帧"按钮,在右侧复制一个新的帧,再连续单击"复制帧"按钮两次,得到四个并列排放的帧。	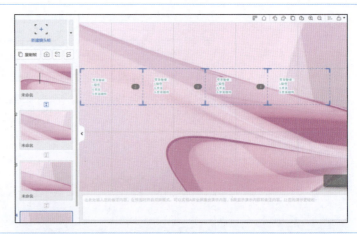
3. 单击 02 帧,再单击功能区的"课堂"按钮,打开交互式课堂活动设置对话框。 单击"互动游戏"→"智力拼图"按钮,然后双击"城市男女"按钮,进入拼图游戏设置界面。	 ↓ 

续表

步骤	说明或截图
4. 单击更换图片,可自行选定拼图图片,继续设定拼图数量和碎片样式,最终单击"确认"按钮,完成"智力拼图"互动游戏设定。	 ↓ 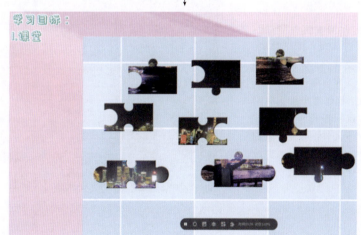
5. 单击功能区的"交互"按钮,进入交互设计界面。 单击"添加物体"按钮,添加三个图形、三个相应的英文单词。 交互设计思路:一开始英文单词不可见,当单击图形时,出现下方对应的英文单词。	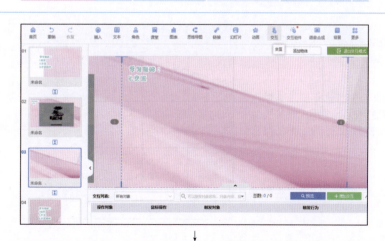↓

续表

步骤	说明或截图
5. 单击功能区的"交互"按钮,进入交互设计界面。 单击"添加物体"按钮,添加三个图形、三个相应的英文单词。 交互设计思路:一开始英文单词不可见,当单击图形时,出现下方对应的英文单词。	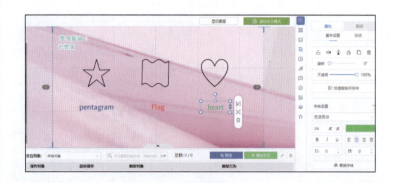
6. 分别选中三个图形,单击"+增加交互"按钮,于下方出现:操作对象、鼠标操作、触发对象和触发行为四个项目。 注:操作对象即选中对象;鼠标操作即单击、双击和进入等;触发对象即被控对象;触发行为即改变对象属性或播放动画。	
7. 逐一设置三个选定图形的鼠标操作、触发对象和触发行为,如右图所示。	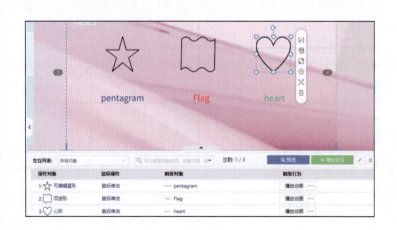

续表

步　骤	说明或截图
8. 单击"预览"按钮,可检测三个图形与三个英文单词的动态交互效果,即单击相应的图形,在其下方就会动态呈现相应的英文单词。	
9. 单击"退出交互模式"按钮,返回正常编辑状态。 单击右下角的"输出"按钮,可将交互式课件导出为 EXE 或 H5 网页格式。	

项目四

动画制作

任务一　Gif 版动画（ScreenToGif、Premiere Pro）

Gif 版动画
（ScreenToGif、
Premiere Pro）

一、任务导入

Gif 版动画就是一张动态的图片，它比视频的体积小很多，在课件制作中应用非常广泛，主要是用于增加动效，提高作品的生动性和观赏性。

本任务主要是学习用 ScreenToGif 和 Premiere Pro 两种方法制作动图。

二、任务实施

步　骤	说明或截图
1. ScreenToGif 文件大小仅 3MB 左右，启动成功后的主界面如右图所示。	

续表

步　骤	说明或截图
2. 打开一个视频文件，单击 ScreenToGif 软件中的"录像机"按钮，然后将两个画面调整好尺寸，重叠摆放。 先单击视频播放键，再单击 ScreenToGif 录制键，播放一段时间，单击 ScreenToGif 停止键。	
3. 在 ScreenToGif 编辑器中出现一帧帧静态图片，单击预览的播放按钮，出现 Gif 动图效果。	
4. 单击"文件"标签，出现相应的功能按钮区。 单击"另存为"按钮，设定好文件保存的位置及文件名，单击"保存"按钮，完成动图的生成。	

项目四　动画制作

57

续表

步骤	说明或截图
5. 以下介绍用 Adobe Premiere Pro(PR)制作动图的方法。 启动 PR 进入编辑的主界面。	
6. 从"项目"面板导入一段视频素材,再将其拖至时间轴 V1 轨道,准备进行裁剪。	
7. 使用"剃刀工具"或组合键 Ctrl＋K 分割视频,删除不需要的部分,仅保留一小段需要的视频。 切换至"导出"面板,在"格式"项设置导出的媒体格式为"动画 GIF"。	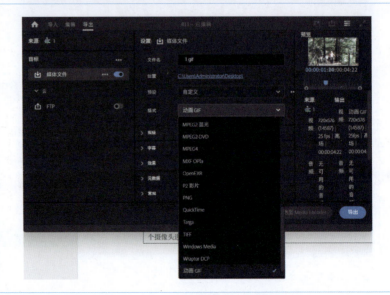

续表

步骤	说明或截图
8. 在"视频"项设置帧大小为 400px×321px，单击"导出"按钮，即可将保留的视频以指定的文件名、位置及大小，导出为 GIF 版动画图片。	

任务二　卡通版动画（Yoya）

卡通版动画（Yoya）

一、任务导入

优芽动画是一款简单易用的动画制作工具，它搭载丰富的场景、角色、道具素材，多元的人物动作、多媒体应用模板；创新互动试题，涵盖多种题型，趣味答题游戏，提升学习乐趣；可轻松灵活触发应用，分分钟开发交互动画资源。

二、任务实施

步骤	说明或截图
1. 输入网址：https://www.yoya.com/，注册并登录优芽交互动画制作平台。 单击"开始制作"按钮，进入优芽动画制作界面。	　↓

续表

步　骤	说明或截图
1. 输入网址：https://www.yoya.com/，注册并登录优芽交互动画制作平台。 　　单击"开始制作"按钮，进入优芽动画制作界面。	
2. 单击"空白创建"按钮，在弹窗中输入动画名称，再单击"确定"按钮，进入"场景"编辑。	 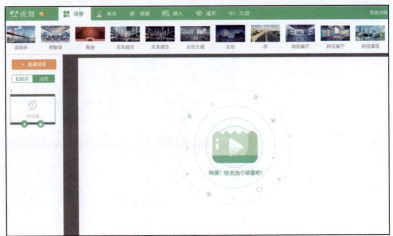

续表

步骤	说明或截图
3. 单击"场景"按钮,进入"场景"选择,其中包括多种类型,例如,现代实景、动态场景、现代卡通、幼儿场景等,可根据内容选定其一。	
4. 单击"角色"按钮,进入"角色"选择,此处选定一名老师、一名学生两个角色,分别放置于场景的左、右两侧,如右图所示。	

续表

步骤	说明或截图
5. 选定对象，单击浮动工具栏中的"动作"按钮，可分类设置对象的肢体、对话和情绪等动作。 选定对象（老师），设置"走路"动作是自左至右；再设定"说话"动作是"抬手说话"。 此外，还可设定个性化配音、自动匹配字幕等。	 ↓ 

续表

步　骤	说明或截图
6. 选定对象（学生），设置"走路"动作是自右至左；再设定"说话"动作是"摊手说话"。	
7. 再选定对象（老师），设定"说话"动作是"微笑说话"，在对话框中输入说话的内容，完成师生对白。	
8. 单击"互动"按钮，展开其功能面板，单击"连线题"按钮，准备制作交互式习题。	

续表

步 骤	说明或截图
9. 在"连线题"项设置中,先输入题干,然后再输入"选项设置"中各行的内容,最后单击"确定"按钮,完成互动习题设置。	
10. 单击"播放"按钮,开始交互式动画的演示,连线时既可用鼠标,也可用交互式白板进行手动连线。 注:右图的连线题为计算机随机连线。	 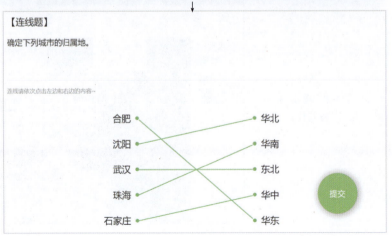

续表

步骤	说明或截图
11. 单击"导出"按钮，可将优芽制作的交互式动画以 EXE 或 MP4 格式进行输出。 注：当单击右上角的"分享"按钮时，则可将优芽制作的交互式动画以二维码的形式进行分享使用。	

任务三　手绘版动画（VideoScribe）

手绘版动画
（VideoScribe）

一、任务导入

　　VideoScribe 是一款简单、快速且实用的手绘动画制作软件，它的应用非常广泛，如营销、商品展示、教学演示、微课制作等，只要选择图像、输入文本并添加音乐或旁白等，就可以立即创建一个精彩的动画视频。

二、任务实施

步　骤	说明或截图
1. 下载 VideoScribe 软件，安装并汉化，进入启动画面，勾选"无须账号密码"，单击"开始使用"按钮，进入 VideoScribe 的使用界面。	 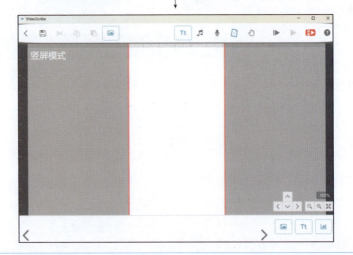
2. 单击右下方的"添加新图片"按钮，打开"添加图像"对话框，其中包括一个图片搜索框。 　　选定一个"笑脸"的表情图片，将其插入至画布。	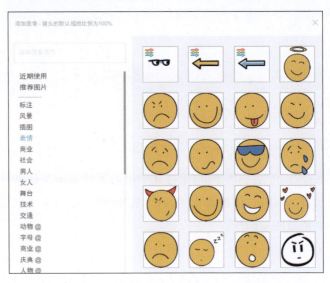

续表

步骤	说明或截图
3. 单击图片四周的控制按钮,调整图片的大小。 单击右下角的"定格为镜头画面"按钮,对画面进行定格。	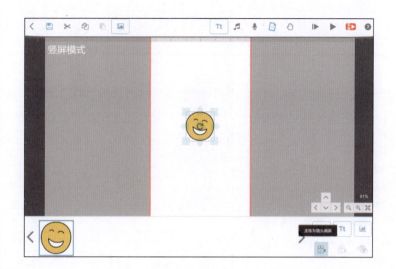
4. 单击右下角的"添加新文本"按钮 Tt,打开"添加文本"对话框,输入一行文本,再更改文本颜色,单击"确定"按钮,将文本插入至画布。 选定文本,再单击右下角的"定格为镜头画面"按钮,对画面进行定格。	 ↓ 

67

续表

步　骤	说明或截图
5. 继续单击右下方的"添加新图片"按钮，打开"添加图像"对话框，选定一个"社会"的教学图片，将其插入至画布。 调整图片的尺寸，单击右下角的"定格为镜头画面"按钮，对画面进行定格。 再次输入一行文本，调整文本大小，单击右下角的"定格为镜头画面"按钮，对画面进行定格。	 
6. 单击时间轴上的对象，可显示并可调整对象的动画时长等属性。	

续表

步　　骤	说明或截图
7. 单击功能区右上方的"设置背景音乐"按钮,打开"浏览音乐"对话框。 　　导入一个本地的 MP3 声音文件,调整好音量大小,再单击"确定"按钮,添加一个背景音乐。	
8. 单击功能区右上方的"录制画外音"按钮,打开"画外音"录制对话框。 　　单击"录制"按钮,开始按照手绘动画的节奏录制语音旁白,录制完成再单击"确定"按钮。	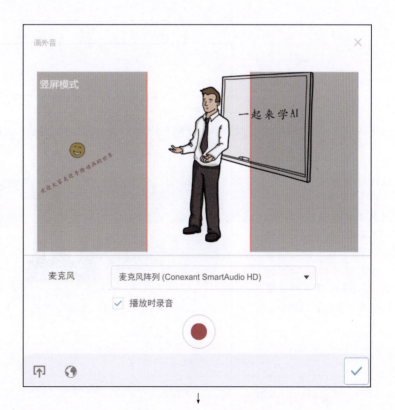↓

续表

步　　骤	说明或截图
8. 单击功能区右上方的"录制画外音"按钮,打开"画外音"录制对话框。 单击"录制"按钮,开始按照手绘动画的节奏录制语音旁白,录制完成再单击"确定"按钮。	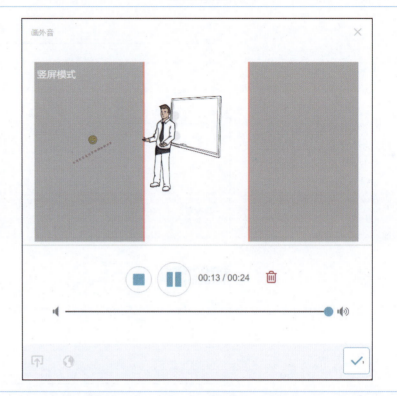
9. 单击功能区右上方的"发布视频|设置背景"按钮,打开相应的对话框。 单击"设置背景"按钮,可从本地选定一个PNG格式的图片作为手绘动画的背景。 单击"发布视频文件"按钮,可将手绘动画按指定的位置和格式进行输出。	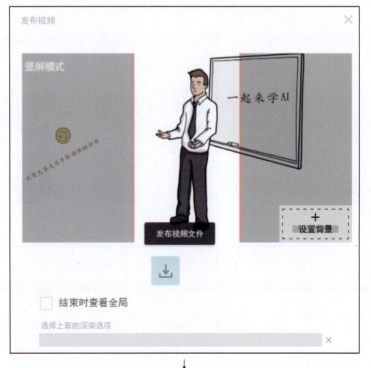

续表

步骤	说明或截图
9. 单击功能区右上方的"发布视频|设置背景"按钮,打开相应的对话框。 单击"设置背景"按钮,可从本地选定一个PNG格式的图片作为手绘动画的背景。 单击"发布视频文件"按钮,可将手绘动画按指定的位置和格式进行输出。	(发布视频对话框截图：格式 Quicktime MOV，尺寸 1080(标清)，帧频 25，文件名 812，路径 C:\Users\Administrator\Desktop\812.mov)

任务四　万彩动画大师(一)

万彩动画大师(一)

一、任务导入

万彩动画大师是广州万彩信息技术有限公司出品是一款免费的 MG(motion graphic,图文动画)动画视频制作软件,比 After Eflects、Animate 软件操作简单,易上手,且能做出专业的效果。它适用于制作企业宣传动画、动画广告、营销动画、多媒体课件、微课等。

本任务主要学习用万彩动画大师制作基本的动画视频和资源。

二、任务实施

步骤	说明或截图
1. 启动万彩动画大师,单击"新建工程"按钮,打开"新建工程"对话框。 单击"新建工程"按钮,选择空白背景,进入动画制作主界面。	

↓

续表

步　　骤	说明或截图
1. 启动万彩动画大师，单击"新建工程"按钮，打开"新建工程"对话框。 单击"新建工程"按钮，选择空白背景，进入动画制作主界面。	
2. 单击左下方的"背景"按钮，打开背景设置对话框，此处可选择颜色背景、图片背景、视频背景和飘浮背景。 选定一个图片做背景，编辑区的正下方会出现一个"背景"轨道。	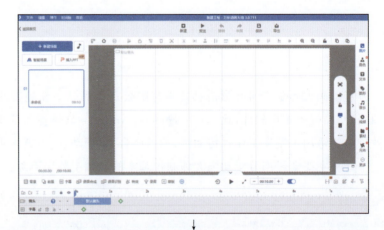 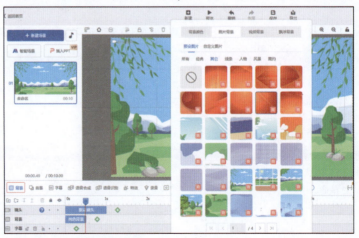

续表

步骤	说明或截图
3. 单击右侧工具栏中的"角色"按钮,打开相应的对话框,其上有单人角色、群演角色。 选定一个"商务精英男""背走"动作。 单击"商务精英男"轨道下方的"+"按钮,添加"商务精英男""站-高兴"动作。	 ↓ 
4. 调整"商务精英男"轨道上背走、站-高兴两个动作的时长。 单击"站-高兴"动作末尾的"对话"图标,添加一个气泡,再单击"应用到此行"按钮。 双击气泡,输入文本,设置气泡的不透明度,文本的字体、大小和颜色等属性。	↓

续表

步　骤	说明或截图
4. 调整"商务精英男"轨道上背走、站-高兴两个动作的时长。 单击"站-高兴"动作末尾的"对话"图标，添加一个气泡，再单击"应用到此行"按钮。 双击气泡，输入文本，设置气泡的不透明度，文本的字体、大小和颜色等属性。	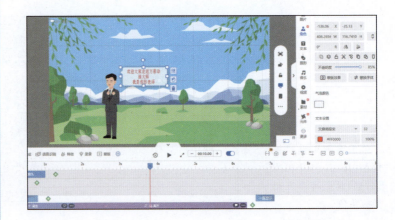
5. 单击右下方的"语音合成"按钮，打开"文字转语音"对话框。 输入文本，选定一个配音角色，再单击"应用"按钮，添加一个语音轨道。	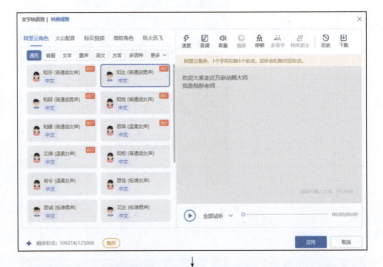 ↓ 

续表

步　　骤	说明或截图
6. 单击右下方的"字幕"按钮,打开添加字幕对话框。 输入字幕文本,再设置字体、字号、颜色和位置等属性,添加一个字幕轨道。	
7. 单击"商务精英男"轨道下方的"＋"按钮,添加一个"背走"动作。 单击"商务精英男"轨道上方的"＋"按钮,打开"强调效果"对话框。 单击"特殊"项的"移动"按钮,打开"动画设置"面板,选择"匀速",再单击"确定"按钮,准备设置"商务精英男"的行走动画,如右图所示。	 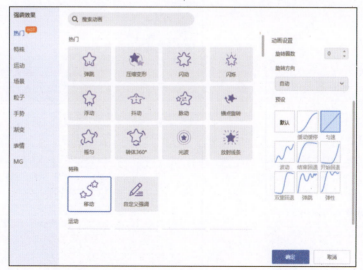

续表

步骤	说明或截图
8. 调整"背走"的终点位置，同时缩小"精英商务男"对象的大小，如右图所示。 双击轨道末端的"一直显示"按钮，在打开的"退场效果"对话框中，选择"不显示"，再单击"确定"按钮，即让对象行走并消失在远方。	 
9. 单击上方的"导出"按钮，打开"导出作品"对话框。 单击"本地视频"选项，再设定动画视频保存的位置、名称、格式和清晰度等，单击"导出"按钮，完成动画视频的输出。	

任务五　万彩动画大师(二)

万彩动画大师(二)

一、任务导入

在学习了用万彩动画大师制作基础动画和资源之后,本任务主要是学习万彩动画大师的镜头、场景和特效设置,此外还将介绍转场过渡的效果设置。

二、任务实施

步　　骤	说明或截图
1. 启动万彩动画大师,单击"新建工程"按钮,打开"新建工程"对话框。 　　单击"新建工程"按钮,选择空白背景,进入动画制作主界面。 　　单击左下方的"前景"按钮,添加一个"繁花似锦"的动态前景。	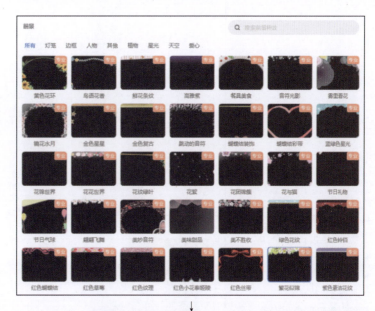 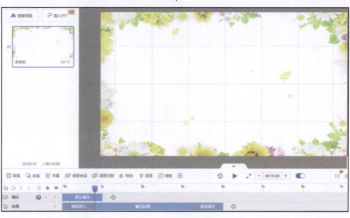

续表

步　骤	说明或截图
2. 单击右侧的"角色"和"文本"按钮,将其添加至轨道。	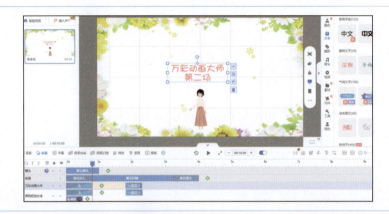
3. 单击镜头轨道上的"+"号,在弹出的菜单中添加镜头为"当前视角"。 调整新添加镜头的大小如右图所示,从而形成一个文字及画面自小至大的动画。	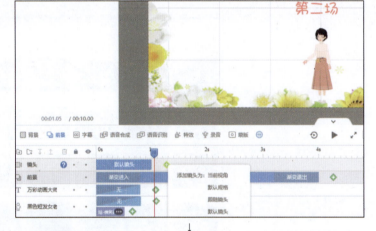 

续表

步骤	说明或截图
4. 单击"播放"按钮,测试从"默认镜头"至"1镜头"文字及画面的动画效果。	
5. 继续单击镜头轨道上的"＋"号,在弹出的菜单中添加镜头为"默认镜头"。 调整新添加镜头的大小如右图所示,从而形成一个文字及画面自大至小的动画。	 

续表

步骤	说明或截图
6. 单击左侧的"新建场景"按钮,打开场景预设对话框,可选择其中之一,例如,海边,创建一个新场景。	 ↓ 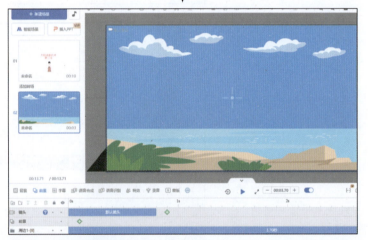
7. 单击左侧的"添加转场"按钮,打开"过渡动画"对话框,可选择其中之一,例如,"推移""往右",设置两个场景的转场过渡效果。	

续表

步骤	说明或截图
8. 单击左下方的"特效"按钮，打开顶部特效、底部特效设置对话框。 添加一个顶部特效：雾气04，同时打开右侧的"背景特效"面板。	 
9. 在右侧的"背景特效"面板，减小默认的Y轴坐标值，使雾气位置向上移动，完成动态雾气特效在画面的上方自左向右移动。	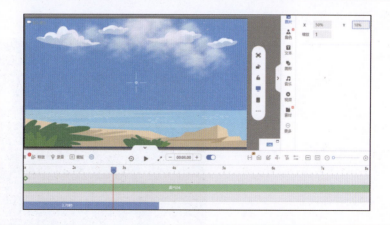

项目五

视频制作(剪映篇)

 任务一 媒体

媒体

一、任务导入

剪映是一款专业的视频剪辑软件,可以在 PC 端和移动端使用,为用户提供了强大的视频剪辑能力。无论是制作简单的日常 Vlog,还是复杂的影视特效,剪映都能满足用户的需求,帮助用户快速成为剪辑高手。

本任务主要是学习使用剪映媒体和模板进行简单的视频剪辑。

二、任务实施

步　骤	说明或截图
1. 安装并启动剪映,出现主界面。 单击"开始创作"按钮,进入剪映的编辑界面。	

续表

步骤	说明或截图
2. 单击"导入"按钮,准备导入视频、音频和图片素材。	
3. 导入两张图片、一段音频和一段视频至媒体面板。 将其全部拖曳至轨道,其中图片和视频共用一个轨道,音频独占一个轨道。	 ↓ 

续表

步　骤	说明或截图
4. 单击"比例"按钮,将视频画面设置为16∶9。 使用上、下方向键将播放头移至视频素材的尾部,单击"分割"按钮对音频素材进行分割,再删除多余的尾部,从而使两个轨道末端对齐。	 
5. 单击"文本"按钮,打开文本设置功能面板,可选定一个文字模板并将其添加至片头。 双击添加至轨道上的文字模板,在右侧打开的"文本"面板中可对内容、字体、字号和颜色等属性进行设置。	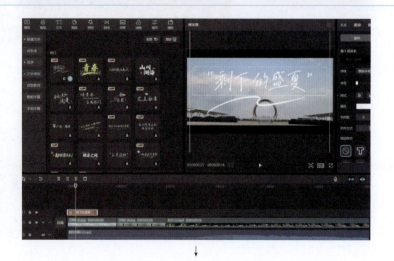

续表

步骤	说明或截图
5. 单击"文本"按钮,打开文本设置功能面板,可选定一个文字模板并将其添加至片头。 双击添加至轨道上的文字模板,在右侧打开的"文本"面板中可对内容、字体、字号和颜色等属性进行设置。	
6. 使用上、下方向键将光标定位在两两素材的结合部,单击"转场"按钮,打开转场效果设置功能面板。 选定一个转场效果,单击其右下方的"下载和添加"按钮,完成转场效果添加。	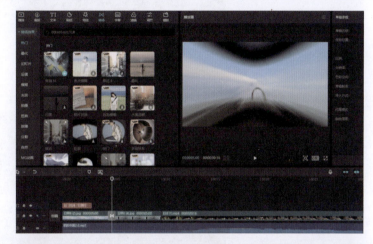
7. 将播放头定位在开头和结尾处,单击"特效"按钮,在影片的开头和结尾之处添加开幕和闭幕特效,从而使编辑的视频更加具有电影效果。	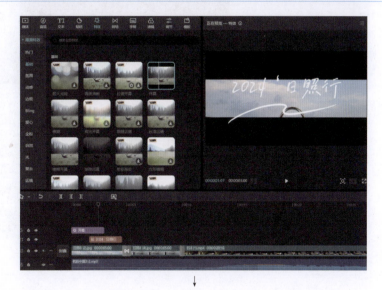

续表

步骤	说明或截图
7. 将播放头定位在开头和结尾处,单击"特效"按钮,在影片的开头和结尾之处添加开幕和闭幕特效,从而使编辑的视频更加具有电影效果。	
8. 单击右上方的"导出"按钮,打开相应的对话框。 此处可设置导出视频的名称、位置和分辨率等,再单击"导出"按钮,完成视频的输出。	

任务二 关　键　帧

关键帧

一、任务导入

在剪映中动作的转折帧称为关键帧。关键帧记录了某一时刻对象的属性或参数，比如位置、大小、旋转、透明度等，通过两个关键帧对象属性的改变达到制作动画的效果。

以下我们通过将一张图片转换为视频说明剪映中关键帧的运用。

二、任务实施

步　　骤	说明或截图
1. 启动剪映，导入一张图片并将其添加至轨道。	
2. 单击"比例"按钮，选中 9∶16（抖音）。	

续表

步 骤	说明或截图
3. 使用图片边框控制点将其放大,在轨道上将图片的显示时长设置为10s左右。	
4. 在图片的首、尾帧处,在右侧打开的"画面"面板中对"位置"属性添加两个关键帧,调整X、Y坐标的值,从而使图片产生移动动画效果。	
5. 单击"音频"按钮,搜索一首歌,例如苹果香,将其添加至轨道。 在轨道上分割音频,组合键是Ctrl+B,使其与图片的时长相匹配。	

续表

步骤	说明或截图
5. 单击"音频"按钮,搜索一首歌,例如苹果香,将其添加至轨道。 在轨道上分割音频,组合键是 Ctrl+B,使其与图片的时长相匹配。	
6. 单击"文本"按钮,打开相应的功能面板,再单击"识别歌词"按钮,开始智能识别歌词并将其添加至轨道。	
7. 选中文本,打开右侧的"文本"面板,此处可对默认的歌词文本样式、字体等属性进行设置。	

续表

步　骤	说明或截图
8．打开右侧的"动画"面板，添加一个预设的文本动画，将其应用到全部歌词，同时调整预设动画的时长，完成最终的效果制作。	

任务三　抠　　像

抠像

一、任务导入

在剪映中一共包括三种抠像方法：智能抠像、色度抠图和自定义抠像，其应用场合各不相同。其中，智能抠像主要用于复杂背景的人像抠取；色度抠图主要用于纯色背景的对象抠取；自定义抠像则是使用画笔和橡皮擦对指定的对象进行抠取，以下逐一介绍。

二、任务实施

步　骤	说明或截图
1．启动剪映，单击"媒体"按钮，展开相应的功能面板，再单击"素材库"按钮，打开二级功能面板。 　　在搜索框中分别输入：海和人像，将对应的两个主题素材添加至轨道。	

续表

步骤	说明或截图
2. 将两个素材叠加摆放,实现剪映手机版的"画中画"效果。 准备对上层的人物素材进行抠像。 在右侧的"画面"面板中单击"抠像"标签,切换至相应的功能面板,勾选"智能抠像",抠像描边选"无",稍候即可完成自动抠像。	 
3. 继续在素材库中搜索一个带绿幕背景的"鸟"视频素材。	

续表

步　骤	说明或截图
4. 选定素材先下载至本地，再添加至轨道，在"播放器"面板中调整好鸟素材的位置及大小。 　　在右侧的"画面"面板中单击"抠像"标签，切换至相应的功能面板。 　　勾选"色度抠图"，使用拾取器的吸管在绿幕上单击，粗略去除绿色。 　　继续调整强度、阴影、边缘羽化和边缘清除四个参数的数值，完成对象的精确选取。	 
5. 继续在素材库中搜索一个带绿幕背景的"鸟"视频素材。	

续表

步骤	说明或截图
6. 选定素材先下载至本地,再添加至轨道,在"播放器"面板中调整好对象的位置及大小。 在右侧的"画面"面板中单击"抠像"标签,切换至相应的功能面板。 勾选"自定义抠像",使用"智能画笔"涂抹其中的一只鸟,用"智能橡皮"修饰边缘,完成对象的精确选取。	 ↓ 
7. 单击上图中的"应用效果"按钮,完成自定义抠像,在"播放器"面板中调整好对象的位置及大小。	

93

续表

步骤	说明或截图
8. 切换至右侧的"变速"面板，调整各轨道素材对象的倍数、时长的值，完成三种抠像。	

任务四 蒙 版

蒙版

一、任务导入

蒙版（Mask）是剪映视频剪辑的核心功能之一，它可实现画面的局部遮罩或显示，达到更为精细和富有创意的视觉效果。

二、任务实施

步骤	说明或截图
1. 启动剪映，单击"媒体"按钮，进入素材库，添加三段视频素材至轨道。	

续表

步骤	说明或截图
2. 初识蒙版：选中轨道上的第一段视频，使用鼠标左键并按住 Alt 键不松向上复制一份。 切换至右侧的"调节"面板，将"调节"→"饱和度"项的值调整为"－50"，从而得到一个灰度的素材。	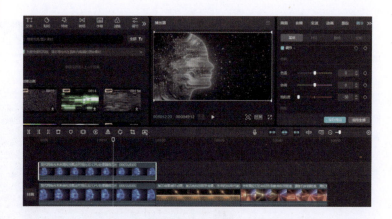
3. 切换至右侧的"画面"面板，单击"蒙版"→"线性"项，添加一个线性蒙版，同时设定参数如下。 旋转：－90°； 羽化：75。	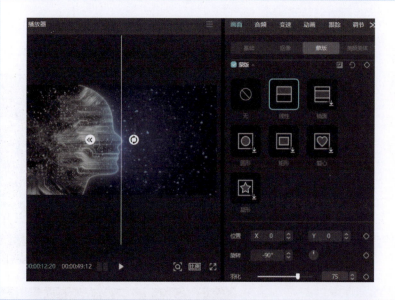
4. 将播放头分别移动至轨道的左、右两侧，单击"蒙版"→"位置"→X 项最右侧的菱形按钮，添加两个关键帧并调整 X 的值，完成画面自右向左、由灰度到彩色的动画设置。	

续表

步　骤	说明或截图
5. 蒙版应用之三分屏： 将三段素材叠加在三个轨道之上。 　同时选定三段素材，按组合键 Ctrl＋Shift＋B，在播放头的位置同时分割三段素材，删除后面多余的部分，裁切整齐。	
6. 选中上层轨道的素材，添加"矩形"蒙版，调整其旋转和大小的参数分别为－45°和 808px×180px； 　将"矩形"蒙版移动至左上角，再将其宽度的值调整为 1px，如右图所示。	 ↓ 

续表

步　骤	说明或截图
7. 选中中间轨道的素材，添加"矩形"蒙版，采用同样的方法，将"矩形"蒙版移动至右下角，如右图所示。	 ↓ 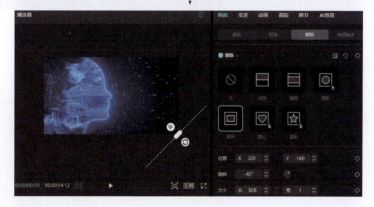
8. 选中上层轨道，在0～3s处对"矩形"蒙版的位置和大小各添加一个关键帧，实现"矩形"蒙版从左上角进入动画。 选中中层轨道，在0～3s处对"矩形"蒙版的位置和大小各添加一个关键帧，实现"矩形"蒙版从右下角进入动画。	 ↓

项目五　视频制作(剪映篇)

97

续表

步骤	说明或截图
8. 选中上层轨道,在0～3s处对"矩形"蒙版的位置和大小各添加一个关键帧,实现"矩形"蒙版从左上角进入动画。 选中中层轨道,在0～3s处对"矩形"蒙版的位置和大小各添加一个关键帧,实现"矩形"蒙版从右下角进入动画。	
9. 运用两个"矩形"蒙版实现画面的三分屏最终效果,如右图所示。	

任务五 字 幕

字幕

一、任务导入

剪映中的字幕类型有多种,例如,静态字幕、动态字幕、模板字幕和双语字幕等,字幕的添加可使剪辑的视频看上去更加专业,以下分类介绍在剪映中如何添加各类字幕。

二、任务实施

步骤	说明或截图
1. 启动剪映,选择"菜单"→"全局设置"命令,再切换至"剪辑"面板,将"图片默认时长"的值设置为10s。 导入三张老照片并添加至轨道,此时视频的总时长达30s。	 
2. 单击"文本"按钮,展开相应的功能面板,下载一个"文字模板"并将其添加至轨道。 在右侧的"文本"→"基础"面板中更改文字的属性,调整其位置及时长,从而完成"文字模板"字幕的添加。	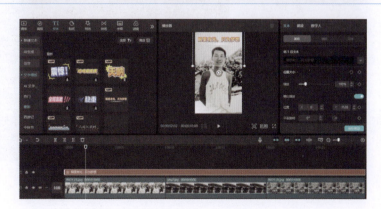

续表

步骤	说明或截图
3. 单击"文本"按钮,展开相应的功能面板,单击"默认文本",输入一行文本,将其添加至轨道。 在右侧的"文本"→"基础"面板中更改文字的属性,调整其位置及时长。 在"动画"面板中下载并添加一种文字动画,调整动画的时长。	
4. 选中轨道上的第二张图片,单击右侧的"画面"面板,再切换至"基础"面板,勾选"背景填充",设置"模糊"背景。 单击"默认文本",输入两行文本,将其添加至轨道,与图片的时长相匹配。	
5. 选中第二个文本行,切换至右侧的"文本"面板,在首、尾的"位置"项打上两个关键帧,调整两个关键帧上文本的位置,从而实现文本自右至左的滚动效果。	

续表

步骤	说明或截图
6. 选中第三个文本行，在"动画"面板中下载并添加一种文字动画，调整动画的时长，从而完成三个动态字幕的制作。	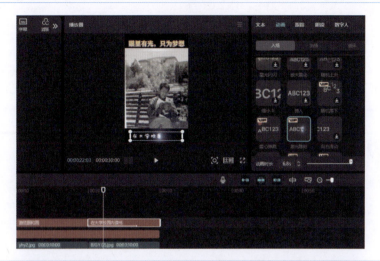
7. 在剪映中导入一段带语音的视频素材，将其添加至轨道。 单击"字幕"按钮，再单击"识别字幕"按钮，切换至相应的功能面板。	
8. 单击"开始识别"按钮，剪映开始自动识别人声，并将其转换为文本行，自动添加至轨道相应的位置。 字幕文本属性的修改及动画设置同前，不再赘述。	

项目六

视频制作(Camtasia篇)

任务一 屏幕录制

屏幕录制

一、任务导入

Camtasia 是一款专业的录屏及视频编辑工具软件。它能在任何颜色模式下轻松地记录屏幕动作,包括影像、音效、鼠标移动轨迹、解说声音等。此外,它还可对视频片段进行剪接、添加动画、转场、字幕和语音旁白等效果。让短视频创作更加简洁、高效,从而拥有全新的视觉体验。

本任务主要是学习使用 Camtasia 进行屏幕录制。

二、任务实施

步骤	说明或截图
1. 安装并启动 Camtasia 2024,出现主界面。 单击"新建录制"按钮。	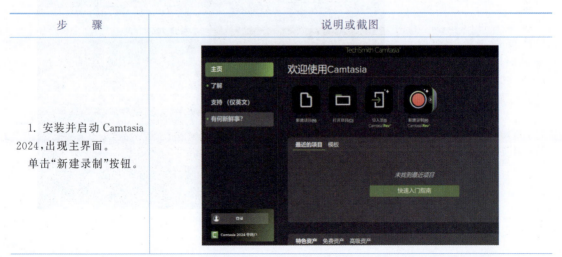

续表

步骤	说明或截图
2. TechSmith Camtasia Recorder（屏幕录像机的主界面）如右图所示，其上包括录制区域、摄像头开关、麦克风开关和"录制"按钮。	
3. 单击"工具"菜单的首选项，打开相应的功能面板，其上包括录制/暂停/继续、停止和添加标记的快捷键等。	
4. 单击 rec（录制）按钮，启动屏幕录制，录制结束时，单击"停止"按钮，自动进到 Camtasia Rev 界面。此处可运用动态布局、滤镜和特效等功能，增强录制效果。	

续表

步 骤	说明或截图
5. 在 Camtasia Rev 界面，单击"效果"按钮，可增加白色边框和光标突出显示效果。	
6. 在 Camtasia Rev 界面，单击"导出"按钮，打开"导出"设置面板。 例如，可将录制的视频以 MP4 格式的视频或 GIF 格式的图片保存至本地。	

续表

步骤	说明或截图
7. 在 Camtasia Rev 界面，单击"在 Camtasia 中编辑…"按钮，自动进到 Camtasia 2024 主界面，此处可对录制的视频进行全功能编辑，再进行导出。	

任务二　视频剪辑

视频剪辑

一、任务导入

Camtasia 的视频剪辑功能非常专业，导入的媒体有图片、音频、视频和 PPT 演示文件，编辑的手段有分割、分离、转场和注释等。

以下通过一个电子相册案例制作，来学习 Camtasia 的视频编辑。

二、任务实施

步骤	说明或截图
1. 启动 Camtasia，单击"新建项目"按钮，进入 Camtasia 主界面。	

续表

步骤	说明或截图
2. 按组合键 Ctrl+","，打开"首选项"面板，了解项目的默认设置，例如： Camtasia 启动后，默认画布规格是 1080p，帧速率 30fps。	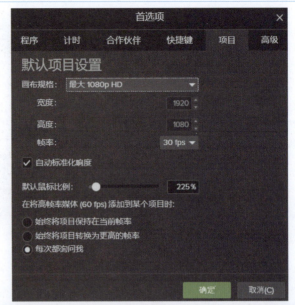
3. 在左侧的"媒体"面板空白区右击，弹出下拉菜单。 使用"导入媒体"命令可导入图片、音视频和 PPT。 此处我们导入一批图片和一个音频文件。	
4. 将图片素材、音频素材分别拖曳至两个轨道。 调整各个图片的尺寸，使其无空隙占满整个画布。	

续表

步骤	说明或截图
5. 单击左侧的"转换"按钮,打开"转换"功能面板,在图片素材的开头、结尾及两两结合部添加"转场"动画效果,从而使图片的切换更加丝滑。	
6. 单击左侧的"动画"按钮,打开"动画"功能面板,此处包括"缩放与平移"和"动画"两个标签。 移动播放头至左侧,将图片放大,再向右移动播放头,将图片缩小至原始大小,实现图片由大至小的缩放动画效果。 用同样的方法,在第2张图片也添加一个"缩放与平移"效果,设置图片由小至大的缩放与平移动画效果,如右图所示。	 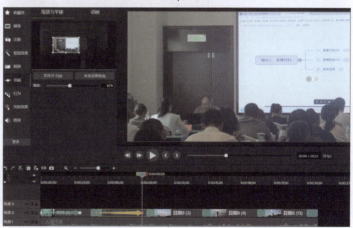

107

续表

步骤	说明或截图
7. 单击左侧的"动画"按钮,打开"动画"功能面板,此处包括"缩放与平移"和"动画"两个标签,切换至"动画"标签,双击第3张图片,添加"动画路径"效果。 在右侧的"动画路径"设置面板,单击"将所选点转换为尖点"按钮,设置图片做"直线"运动,实现图片由右向左移动的动画效果。	 
8. 双击第4张图片,继续添加"动画路径"效果。 在右侧的"动画路径"设置面板,单击"将所选点转换为尖点"按钮,设置图片做"直线"运动,实现图片由左向右移动的动画效果。	

续表

步骤	说明或截图
9. 单击左侧的"动画"按钮,打开"动画"功能面板,切换至"动画"标签,双击第 5 张图片,添加"按比例放大"效果,在轨道上调整动画的时长,完成 5 张图片的动态效果制作。	
10. 单击左侧的"注释"按钮,打开"注释"功能面板,此处有文本、图形和草图绘制等各种标注样式。 添加一个文本标注至第 1 张图片的上方轨道。 在右侧的"文本属性"面板更改文字的内容、字体、颜色和大小等属性,作为影片的片头,如右图所示。	
11. 继续添加一个文本标注在影片的末尾,在右侧的"文本属性"面板更改文字的内容、字体、颜色和大小等,准备作为影片的片尾。 打开"动画"面板,添加"动画路径"效果至文本标注。	

项目六 视频制作(Camtasia篇)

109

续表

步骤	说明或截图
11.（续）在右侧的"动画路径"设置面板，单击"将所选点转换为尖点"按钮，设置图片做"直线"运动，实现图片自下而上移动的动画效果，完成片尾文字动画效果制作。	
12. 单击右上角的"导出"按钮，打开"导出本地文件"对话框，设定好输出文件的名称、类型、位置和规格等参数，再单击"导出"按钮，完成视频文件的输出。	

任务三　视觉和行为

视觉和行为

一、任务导入

在Camtasia的"视觉效果"面板包括了蒙版、抠像和调色等主要功能，而在"行为"面板则预设了文本的各类动画效果，可直接引用。

二、任务实施

步　　骤	说明或截图
1. 启动 Camtasia，展开视觉效果和行为两个面板，了解其上的功能组成。	 
2. 在"媒体箱"中导入一批素材待用，挑选两个时长不等的视频素材，将其添加至轨道。	

续表

步　骤	说明或截图
3. 单击左侧的"视觉效果"按钮,展开相应的功能面板,在下方轨道的视频素材上添加"剪辑速度"效果。 　　在右侧的"剪辑速度"功能面板中调整"持续时间"项,使其与上方轨道的视频素材时长相同。	 
4. 选中下方轨道上的视频素材,右击,在弹出的菜单中选中"音频静音",对应的组合键是 Shift＋S。	

续表

步骤	说明或截图
5. 单击左侧的"视觉效果"按钮,展开相应的功能面板,在上方轨道的视频素材上添加"背景去除"效果(即抠像)。 在右侧的"背景去除"功能面板中调整羽化、模糊项的值,使蓝幕背景去除更加干净。	 ↓ 
6. 在 Camtasia 中"抠像"的另一种操作是使用"移除颜色"效果,即在素材上添加"移除颜色"效果,切换至右侧的"移除颜色"面板,用吸管从图像中拾取要去除的颜色,再调整"容差"等参数的值,完成移除背景色操作。	

续表

步　骤	说明或截图
7. 在"媒体箱"中添加一幅书法作品至轨道，单击"视觉效果"按钮，展开相应的功能面板。 　　添加"颜色调整"效果，在右侧的功能面板中调整亮度、对比度等参数，从而使书法图片中的颜色白的更白、黑的更黑，如右图所示。	 
8. 继续添加"混合模式"效果，设定模式为"正片叠底"，从而去除掉画面中高亮的部分，实现此类图片的抠像。	

续表

步　骤	说明或截图
9. 单击左侧的"注释"按钮,展开相应的功能面板,添加一个文本标注至轨道。 　　在右侧的 Callout(标注)面板中编辑文本的内容,调整字体和尺寸等属性。 　　单击"行为"按钮,对文本标注添加一个"爆炸"效果。	 ↓ 
10. 在右侧的"行为"面板中调整文本在"进""期间"和"出"三段上的速度、样式等属性,完成标题文本的爆炸动效制作。	

任务四　音频和字幕

音频和字幕

一、任务导入

Camtasia 升级至 2024 版之后，音效、旁白和字幕功能都有了明显增强，如在"字幕"部分增加了"语音到文本"功能。

本任务主要学习在 Camtasia 中的音频和字幕处理。

二、任务实施

步　　骤	说明或截图
1. 启动 Camtasia，在"媒体箱"中导入一段带语音的视频文件和一段音频文件。 将两个素材文件分别添加至两个轨道。	
2. 选中轨道上的音频素材，将播放头对齐视频素材的末尾，分割音频并删除后半段。 单击左侧的"音效"按钮，展开相应的功能面板，将"淡入""淡出"效果添加至轨道。	

续表

步骤	说明或截图
3. 单击左侧的"旁白"按钮,展开相应的功能面板,单击"开始录音"按钮,可通过麦克风录制一段语音。 录制完毕,单击"停止"按钮,可将语音存储为WAV格式的文件。 通过右侧的"旁白"功能面板,对音量的高低等属性进行调整。	
4. 移动播放头至开头的位置,单击左侧面板的"字幕"按钮,展开相应的功能面板。 单击"更多"→"CC字幕"左上方的"脚本选项"按钮,弹出下拉菜单,选中"语音到文本",可实现字幕的自动添加。	

续表

步骤	说明或截图
5. "语音到文本"自动添加完毕,可对字幕文本内容进行编辑,如右图所示。 注:此处"语音到文本"的识别率并不高。	
6. 选中文本,展开"字体属性",可对字体、颜色和尺寸等参数进行调整,如右图所示。	
7. 屏蔽 CC 字幕所在的轨道,切换至"动态字幕"标签,添加一个动态字幕样式至轨道上的视频素材。	

续表

步骤	说明或截图
8. 开始自动生成动态字幕文本并新建一个动态字幕轨道,如右图所示。 注：此处"动态字幕"生成的文本识别率较高。	
9. 选中"动态字幕",打开右侧的功能面板,可对字体、颜色、尺寸和不透明度等参数进行调整。	

项目七

虚拟仿真

任务一 全景制作（PTGui Pro）

全景制作（PTGui Pro）

一、任务导入

PTGui Pro 是一款功能非常强大的全景图像拼接软件，主要针对喜欢拍摄全景、长焦、广角的用户，对这类照片进行重新专业修正，支持 HDR（high dynamic range，高动态范围）拼接、蒙版、视点矫正等。

普通手机是拍不出全景图的，但可以用手机在多个角度拍几张图片，然后使用 PTGui Pro 将几张连续的图片拼接成一幅完美的全景照片。再使用全景图片播放器，即可实现交互式的全景漫游动效。

二、任务实施

步骤	说明或截图
1. 安装并启动 PTGui Pro 12 软件，进入主界面，其"工程助理"选项一共包括三个步骤：加载影像、设置全景和创建全景。	

续表

步　骤	说明或截图
2. 单击"加载影像"按钮，导入一批用手机拍摄的图片，拍摄角度分别是左、右、前、后、上和下等。	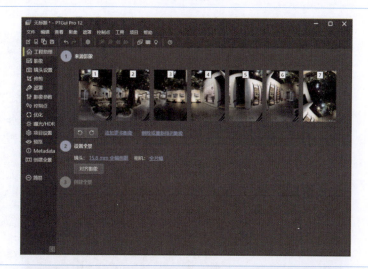
3. 单击设置全景中的"对齐影像"按钮，PTGui Pro 将按普通相机或鱼眼相机拍摄的图片类型进行对齐影像处理，如右图所示。	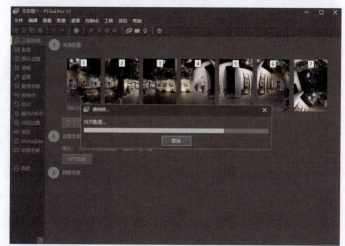
4. 在打开的"全景编辑"窗口预览并调整全景图显示的效果，可选择墨卡托或圆形鱼眼等模式。	

续表

步骤	说明或截图
5. 设定好生成的图片尺寸、格式和位置,再单击"创建全景"按钮,开始拼接全景图。	
6. 待全景图生成完毕,将按指定的规格和位置进行存储。 使用普通的照片查看软件无法浏览全景漫游的效果,需要下载一个全景浏览器。	 

续表

步骤	说明或截图
7. 输入网址：http://devalvr.videopanoramas.com/paginas/productos/index.html，进入 DevalVR 3D browser 页面。	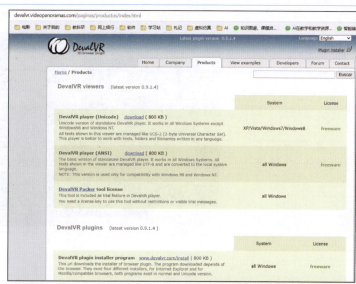
8. 从网页相应的位置下载一款三维全景图片播放器：DevalVR player(ANSI)，如右图所示。	
9. 在 DevalVR player 中打开先前做好的全景图，使用鼠标即可实现交互操作。 若是单击左下方导航栏中的"持续旋转"按钮，即可实现全自动 360°全景漫游。	

续表

步骤	说明或截图
9. 在 DevalVR player 中打开先前做好的全景图,使用鼠标即可实现交互操作。 若是单击左下方导航栏中的"持续旋转"按钮,即可实现全自动 360°全景漫游。	

任务二　交互先锋（Nibiru Creator）

交互先锋
（Nibiru Creator）

一、任务导入

交互先锋（Nibiru Creator）是一款无代码、交互式内容创作工具,它以其丰富的兼容性和扩展性积累了数以万计的开发者。在教育领域,越来越多的人在引入 Nibiru Creator 作为数字化交互课件开发和学习成果展示。

二、任务实施

步骤	说明或截图
1. 输入网址：https://www.inibiru.com/,登录官方网站下载 Nibiru Creator 并安装。 启动成功后,注册、登录,进入 Nibiru Creator 主界面。	

续表

步骤	说明或截图
1. 输入网址：https://www.inibiru.com/，登录官方网站下载 Nibiru Creator 并安装。 启动成功后，注册、登录，进入 Nibiru Creator 主界面。	
2. 单击左侧项目列表中的"新建项目"按钮，打开"新建项目"对话框。 输入项目名称并选择主端类型，再次单击"新建项目"按钮，进入 Nibiru Creator 流程图的操作界面。 单击下方的"添加场景"按钮，进入场景编辑界面。	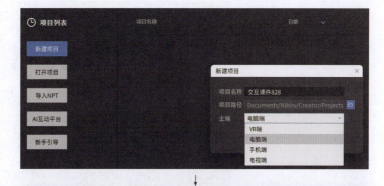 ↓ 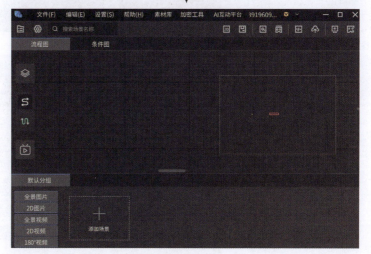

续表

步骤	说明或截图
3. 单击"＋"号按钮,可以从本地或素材库中添加全景或 2D 图片作为场景,也可以添加全景或 2D 视频作为场景。	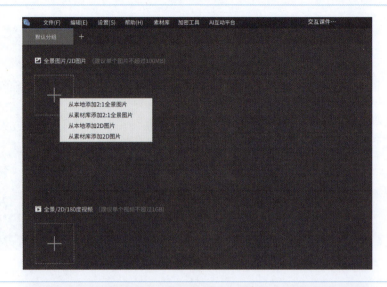
4. 从本地添加四张全景图,单击"创建完成"按钮,添加四个全景场景并按顺序排列于场景轨道。	

续表

步骤	说明或截图
5. 将四个场景拖曳至流程图工作区,最先进入的场景默认为主场景,当然也可在场景上右击,在弹出的快捷菜单中选择"设置为主场景"命令,可设置任何一个场景为主场景。	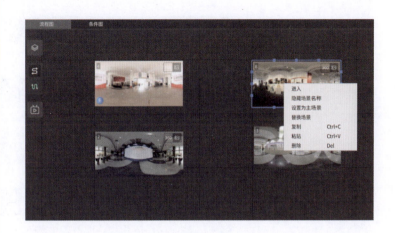
6. 选中场景,周边会出现12个连接点,单击右侧的白线"添加切换热点"按钮,可在两个场景的连接点建立场景切换连接线。 右击白线,在弹出的快捷菜单中选择"线型"命令,在打开的"线型"界面,可将场景切换连接线设置为"双向"。	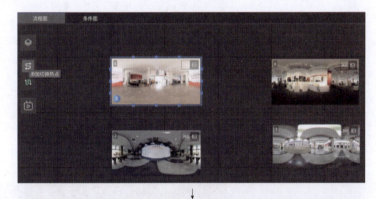 ↓ 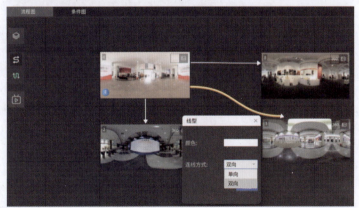

续表

步骤	说明或截图
7. 单击右上角的"主端预览"按钮,可检视四个场景的切换连接逻辑,其他三个场景通过 8、3、2 三个"热点"与主场景进退自如。	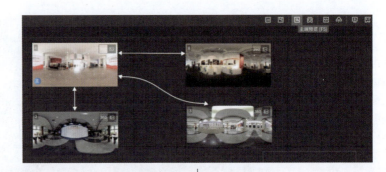 ↓ 
8. 双击"主场景"进入场景编辑界面,在"基础属性"选项可设置场景名称;在"场景设置"选项可设置主视角;在"场景特效"选项可设置雨、雪和红包等动态效果;在"场景巡游"选项可自定义全景巡游时间等。	 ↓

续表

步　骤	说明或截图
8. 双击"主场景"进入场景编辑界面,在"基础属性"选项可设置场景名称;在"场景设置"选项可设置主视角;在"场景特效"选项可设置雨、雪和红包等动态效果;在"场景巡游"选项可自定义全景巡游时间等。	
9. 若要在场景中添加文本,可单击右侧工具栏中的"元件"按钮,添加一个文本标签。 在"编辑"面板中对字体、字号、颜色和动效等进行设置。 例如,"跑马灯"文字动效如右图所示。	 

续表

步骤	说明或截图
10. 若要在主场景中添加图片,可单击右侧工具栏中的"元件"按钮,添加一个图片占位符。 在"编辑"面板的"基础属性"选项,可对图片占位符的位置、旋转及大小等进行设置。 在"元件设置"选项,可从本地添加一个 JPG、PNG 或 WebP 格式的图片,对图片占位符进行替换。	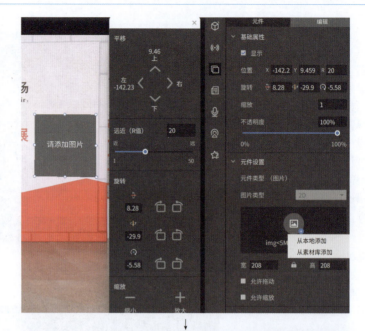 
11. 双击"8 场景"进入到场景编辑界面,在"基础属性"选项更改场景名称为"广东轻工"。 单击右侧工具栏中的"热点"按钮,添加一个视频占位符。 在"编辑"面板的"基础属性"选项,可对视频占位符的位置、旋转及大小等进行设置。	

续表

步　骤	说明或截图
11.（续）在"热点设置"选项，可从本地添加一个MP4格式的视频，对视频占位符进行替换。 单击"返回"按钮，回到流程图编辑界面。	
12. 单击右上角 2D 按钮，进入主场景的全局音乐、指南针和公告等选项设置。	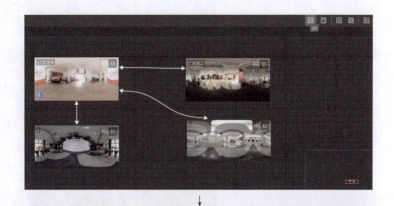 

续表

步　　骤	说明或截图
13. 单击右侧的"全局音乐"按钮,展开相应的功能面板,可添加一个全局音乐图标。 在"基础属性"选项可设置图标大小、位置和旋转等属性。 在"图标设置"选项可设置图标名称、状态等属性。 在"内容设置"选项可添加音乐文件、调节音量和应用场景。	 ↓ 
14. 单击右侧的"公告"按钮,展开相应的功能面板,可添加一个文本公告。 在"内容设置"选项可填写公告内容,设置文本的字号、颜色和应用场景等属性。 单击"返回"按钮,重新回到流程图的编辑界面。 单击右上角的"一键发布到云端"按钮,准备发布制作好的数字交互课件。	 ↓

续表

步骤	说明或截图
14. 单击右侧的"公告"按钮,展开相应的功能面板,可添加一个文本公告。 在"内容设置"选项可填写公告内容,设置文本的字号、颜色和应用场景等属性。 单击"返回"按钮,重新回到流程图的编辑界面。 单击右上角的"一键发布到云端"按钮,准备发布制作好的数字交互课件。	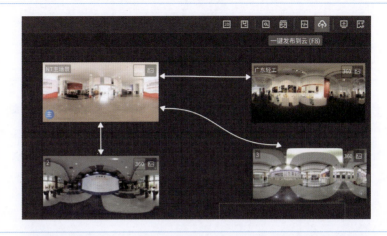
15. 在打开的"一键发布到云端"对话框中,输入标题名称、项目简介等信息,再勾选"阅读并遵照……"复选框。 单击"发布为新链接"按钮,经审核后,将数字交互课件生成一个网址和二维码,以供学习、展示和交流。	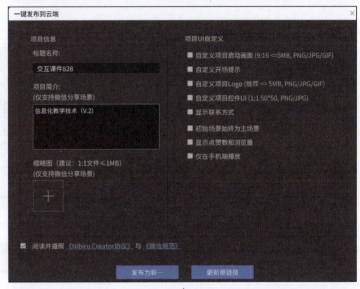 

任务三 万彩 VR

万彩 VR

一、任务导入

万彩 VR 是一款极简的沉浸式 360°全景虚拟现实场景制作软件,适用于 3D 微课片头、VR 全景片头视频的制作。导入一张全景图/6 张六面体图片,即可快速生成具有 3D 效果的场景,并支持交互点参数编辑,通过定格当前视角,轻松创建全景交互动态视频。

二、任务实施

步　骤	说明或截图
1. 下载万彩 VR 软件并安装,启动、注册、登录后进入万彩 VR 编辑主页。 选定一个预设的场景,准备进入编辑状态。	 ↓ 

续表

步骤	说明或截图
2. 单击"预览"按钮可查看选定场景的动效。 单击"立即编辑"按钮,将展开场景的若干个定位镜头,进入编辑状态。 注:右侧的功能面板主要包括组件、图片、文字、角色、音乐和背景。	 ↓ 
3. 选择一个交互点样式并将其拖曳至画布,单击交互点,添加一幅图片。 在右侧的"组件"→"交互"面板中设置交互点名称、播放方式、鼠标动作和触发对象等。	↓

续表

步骤	说明或截图
3. 选择一个交互点样式并将其拖曳至画布,单击交互点,添加一幅图片。 在右侧的"组件"→"交互"面板中设置交互点名称、播放方式、鼠标动作和触发对象等。	
4. 在02镜头定格处,单击右侧的"图片"按钮,打开相应的功能面板,再添加一个时钟图片。 单击"动画"标签,添加一个"跌入"动画,并设置好触发方式、持续时长等。	 ↓ 

续表

步骤	说明或截图
5. 在 03 镜头定格处，单击右侧的"文字"按钮，打开相应的功能面板，输入一行文本，设置字体、字号和颜色等。 单击"交互"标签，添加一个"鼠标移入、悬停放大"交互效果，并添加一个在线音效。	 
6. 在 04 镜头定格处，单击右侧的"角色"按钮，打开相应的功能面板，选定一个"音乐女教师"角色并添加至场景。	

续表

步　　骤	说明或截图
7. 单击"动画"标签,再单击"添加动画"按钮,展开动画设置面板,在"移动路径"选项下,单击"向左移动"按钮,设置向左下移动的动画。	
8. 保持人物选定状态,切换人物的动作为"站-正面讲解",完成人物从向左行走到转身的动画效果设置。	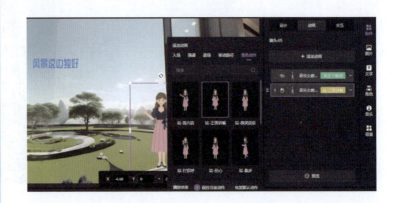
9. 返回 01 镜头定格处,单击右侧的"音乐"按钮,打开音乐设置功能面板,可使用预设的音频文件作为背景音乐。 单击"导入"按钮,可导入本地的 MP3 格式文件作为背景音乐。 音量大小、循环播放等均可在此处设置。	

续表

步　骤	说明或截图
10. 单击右上方的"导出"按钮,打开"导出视频"对话框,此时可将场景中的内容导出为 MP4 格式的视频文件或 EXE 格式的数字全景交互课件。	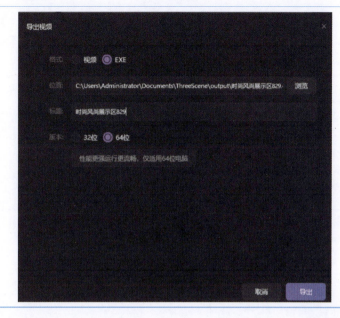

任务四　助金数智教学

助金数智教学

一、任务导入

助金数智教学(Smart Teaching)主要用于数智课件、数智电子书、知识图谱和数智教材等数智产品开发,具有数智化、一体化、全场景、全媒体的特点。

本任务主要是学习使用助金数智教学软件制作新型的数智交互式课件。

二、任务实施

步　骤	说明或截图
1. 输入网址:https://weilai.edu.zhujin.vip/jst/apps/passport/? app_version_pk=20,进入 Smart Teaching 的注册、登录界面。 注册完毕,输入账号、密码,进入 Smart Teaching 主界面。	↓

续表

步　骤	说明或截图
1．输入网址：https：//weilai．edu．zhujin．vip/jst/apps/passport/？app_version_pk＝20，进入 Smart Teaching 的注册、登录界面。 注册完毕，输入账号、密码，进入 Smart Teaching 主界面。	
2．单击上图中的"空白数智课件"按钮，进到类似 PPT 的数智课件编辑界面。	
3．使用"文本框"输入文本并在右侧相应的属性面板更改文本属性。 单击右侧面板的"动画"按钮，完成课件的文字动画设置。 继续使用"图片"和"形状"工具，添加一个位图和形状，再单击右侧面板中的"动画"按钮，完成课件的图片和形状动画设置。	　　　　↓

续表

步　　骤	说明或截图
3. 使用"文本框"输入文本并在右侧相应的属性面板更改文本属性。 　　单击右侧面板中的"动画"按钮,完成课件的文字动画设置。 　　继续使用"图片"和"形状"工具,添加一个位图和形状,再单击右侧面板中的"动画"按钮,完成课件的图片和形状动画设置。	
4. 单击左上角的"新建幻灯片"按钮,插入一张空白幻灯片。 　　在"插入"面板继续使用"视频"工具,插入一个视频文件。 　　在右侧对应的视频样式面板,可添加一个圆形蒙版遮罩。	
5. 单击界面上方的"评测"标签,展开相应的功能面板,此处可添加习题和投票这两个交互项。 　　习题类型有主观题和客观题,投票的对象可以是文本、图片、音频和视频。	

续表

步　　骤	说明或截图
5. 单击界面上方的"评测"标签,展开相应的功能面板,此处可添加习题和投票这两个交互项。 习题类型有主观题和客观题,投票的对象可以是文本、图片、音频和视频。	 
6. 单击界面上方的"智能互动"标签,展开相应的功能面板,此处是数智课件制作的核心区域,集中了3D动画、VR全景和虚拟仿真等众多功能,以下逐一介绍。	
7. 单击"3D动画"按钮,展开右侧的功能面板,添加一个3D动画模型,在其上可进行3D分享、3D编辑等操作。 例如,可将选定的资源分享成链接网址或二维码。	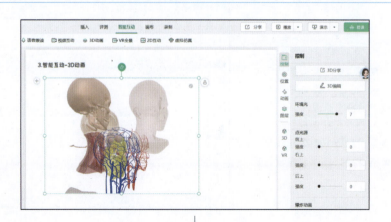

续表

步骤	说明或截图
7. 单击"3D 动画"按钮,展开右侧的功能面板,添加一个 3D 动画模型,在其上可进行 3D 分享、3D 编辑等操作。 例如,可将选定的资源分享成链接网址或二维码。	
8. 单击"VR 全景"按钮,展开右侧的功能面板,添加一个 VR 资源,可采用内嵌或双击的方式进入相应的 VR 全景漫游系统。 例如,要进入"航空母舰博物馆",单击"进入游览"按钮,即可进行全景漫游。	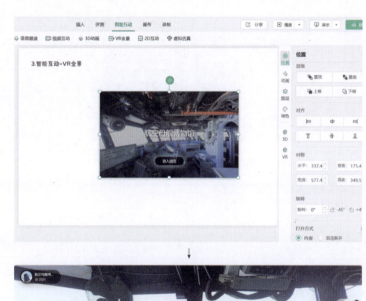 

续表

步　骤	说明或截图
9. 单击"虚拟仿真"按钮,展开右侧的功能面板,添加一个虚拟仿真资源,可采用内嵌或双击的方式进入相应的虚拟仿真系统。 例如,要进入"室内可视化"虚拟仿真系统,可使用键盘所定义的按键及游戏摇杆进行操作。	 ↓ 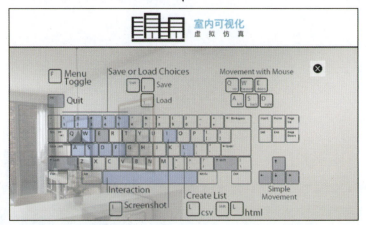
10. 对课件进行重命名,再选择"文件"菜单,执行"保存"命令。 单击右上角的"授课"按钮,开始签到授课。	↓

续表

步　骤	说明或截图
10. 对课件进行重命名,再选择"文件"菜单,执行"保存"命令。 单击右上角的"授课"按钮,开始签到授课。	

145

模块二 AI 类

项目八

AI辅助技术

任务一　AI　搜　索

AI 搜索

一、任务导入

AI 搜索是指利用人工智能技术实现信息检索和查询的一种新型搜索方式。在当今数字化时代，信息呈爆炸式增长，传统的搜索引擎已经难以满足人们对分析、归纳、高效和精准信息获取的需求，而 AI 搜索则为解决这一问题提供了新的途径。

二、任务实施

步　骤	说明或截图
1. 输入网址：https://yiyan.baidu.com/，进入百度"文心一言"大模型主界面。	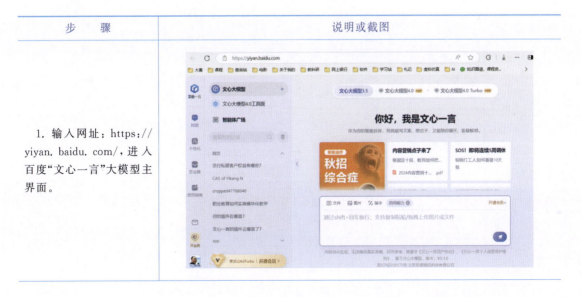

续表

步骤	说明或截图
2. 在对话框中输入提示词"谈谈你和百度搜索引擎的区别",再单击"发送"按钮,文心一言将基于"文心大模型3.5版"归纳、整理并回答问题。	
3. 单击左侧的"智能体广场"按钮,展开智能体广场功能面板,单击"AI词云图生成器"超链接(见右图),显示相应的功能说明以及"词云"提示词输入提示。	

续表

步骤	说明或截图
4. 在对话框中输入提示词"将合肥著名景点生成词云",再单击"发送"按钮,文心一言将会根据大模型训练,生成一个词云图片,如右图所示。	
5. 继续单击左侧的"智能体广场"按钮,展开"智能体广场"功能面板,单击"E言易图"超链接(见右图),显示相应的功能说明以及"E言易图"提示词输入提示。	

项目八 AI辅助技术

151

续表

步骤	说明或截图
6. 在对话框中输入提示词"请用折线图来表示合肥 2023—2024 年两年房价的变化,横坐标为月份,纵坐标为每平方米单价。"再单击"发送"按钮。 文心一言将会根据大模型训练,生成一个折线图及图表数据,如右图所示。	 ↓ 

续表

步骤	说明或截图
7. 单击左侧的"文心一言"图标,切换回文心一言主界面。 上传一个纯英文的PDF文件,再输入提示词"请将上述文件翻译成中文",单击"发送"按钮。	
8. "文心一言"AI大模型将会及时、准确地将英文PDF文件翻译成中文,如右图所示。	

任务二 AI 写 作

AI 写作

一、任务导入

AI 写作是指利用人工智能技术进行文本创作的过程,广泛应用于新闻报道、广告文案、商业报告、文学创作和学术研究等领域。在当今数字化时代,AI 写作正逐渐成为一种重要的创作方式，为人们带来更加高效、准确、个性化的文本创作服务，同时也将为文本创作、创新带来新的机遇和挑战。

AI写作并不能完全替代人类的判断和创造力。在使用 AI 工具时，我们仍然需要通过自己的专业知识和经验审核和修改生成的内容，以确保其准确性和适用性。

二、任务实施

步　骤	说明或截图
1. 输入网址：https://www.doubao.com/chat/，打开豆包——字节跳动旗下 AI 智能助手主界面。	
2. 单击"帮我写作"超链接，显示相应的功能说明以及"帮我写作"功能板块，其核心功能为多种体裁、润色校对、一键成文。	

续表

步骤	说明或截图
3. 单击"长文写作"超链接,开始分步骤生成文档大纲再基于大纲生成文档。 　　在对话框中设定好文档主题和字数,主题的类型有文章、论文和研究报告,此处选定主题类型为"研究报告"。 　　在对话框中输入提示词"帮我写一篇关于新一代信息技术在职教中的应用的论文,字数在5000字以内。"单击"发送"按钮。	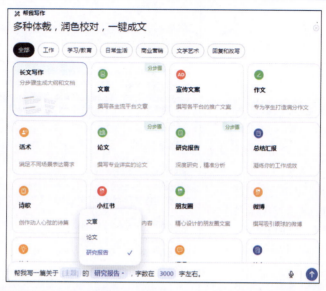
4. 豆包开始基于15个参考来源拟定文档大纲。 　　生成的文档大纲还可在线编辑,单击"修改参考"按钮。	
5. 显示相关的参考文献。	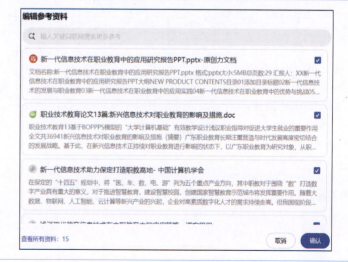

续表

步骤	说明或截图
6. 单击"基于大纲生成文档"超链接,豆包开始按标题、摘要、关键词和正文的研究报告架构撰写研究报告文档。 文档撰写完毕,可下载至本地,进行进一步修订和完善,尽可能去"AI味"。	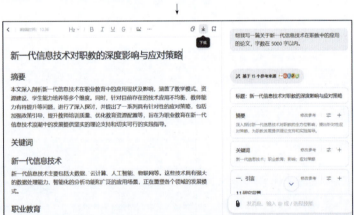
7. 利用AI进行写作的另外一种方法是使用Kimi大模型,输入网址:https://kimi.moonshot.cn启动Kimi,单击左侧面板上的"Kimi+"按钮,进到Kimi官方推荐的智能体分类界面。	

续表

步骤	说明或截图
7. 利用 AI 进行写作的另外一种方法是使用 Kimi 大模型，输入网址：https://kimi.moonshot.cn 启动 Kimi，单击左侧面板上的"Kimi＋"按钮，进到 Kimi 官方推荐的智能体分类界面。	
8. 单击"论文改写"链接，打开相应的智能体，其中包括若干针对本智能体的提示词撰写提示。 上传一个文档，此处采用的是用 Excel 编写的文档；在文本框中输入提示词"请参照中职国家课程标准及项目教学的基本规范，调整下面的课程结构及内容。"再单击"发送"按钮，Kimi 开始对上传的文档进行深加工，即降重＋趋原＋去"AI 味"。	 ↓ 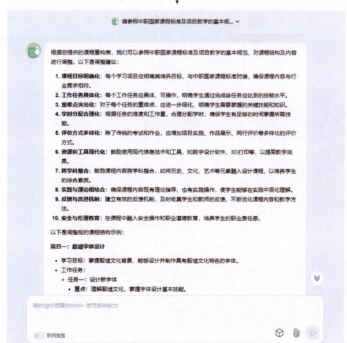

任务三 AI 作 图

AI 作图

一、任务导入

AI 作图是指利用人工智能技术进行图像创作的过程。其主要原理是收集大量已有作品数据,大模型通过算法对这些数据进行训练(解析和学习),然后根据用户输入的提示词等指令生成新的图像。

二、任务实施

步　　骤	说明或截图
1. 腾讯元宝是依托于腾讯混元大模型的 AI 产品,输入网址:https://yuanbao.tencent.com/chat/,打开"腾讯元宝"主界面。 单击左侧的"创意绘画"超链接,进入文生图创作界面。	
2. 在对话框中输入提示词"身披战袍、手舞金箍棒的黑神话悟空",单击"润色"按钮,对提示词进行智能润色。 选定其中的一段,单击"发送"按钮。	

续表

步骤	说明或截图
3．腾讯元宝根据智能润色的提示词生成的创意绘画效果，如右图所示。 注：可重新编辑提示词，再次生成新的绘画效果。	
4．在提示词输入框上方的四个功能按钮分别对应润色、风格、比例和分辨率，可使腾讯元宝创意绘画的结果与提示词更吻合。	
5．例如：使用智能润色提示词"风格为摄影风格，在城区中，一辆标志性的'萝卜快跑'自动驾驶汽车正在平稳行驶，车身涂装鲜艳，引人注目，车顶上安装着一排排传感器，为车辆提供全方位的环境感知，街道两旁是繁忙的都市景象，行人匆匆，车辆穿梭，镜头为俯视镜头"。	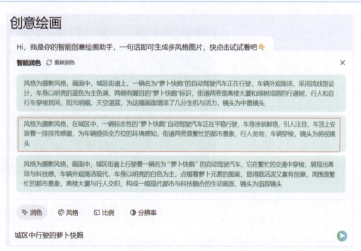

续表

步　　骤	说明或截图
5．（续）在腾讯元宝创意绘画中生成的结果如右图所示。	
6．输入网址：https://jimeng.jianying.com/ai-tool/home，打开即梦AI——字节跳动旗下的一站式AI创作平台。	
7．单击AI作图板块"图片生成"按钮，输入提示词"身着土家族服饰的男、女游客，夜晚在恩施女儿城"。单击"立即生成"按钮，一次生成四张高清图片，如右图所示。	

续表

步骤	说明或截图
7. 单击 AI 作图板块"图片生成"按钮,输入提示词"身着土家族服饰的男、女游客,夜晚在恩施女儿城"。单击"立即生成"按钮,一次生成四张高清图片,如右图所示。	
8. 单击 AI 作图板块"智能画布"按钮,进入"智能画布"操作界面。 单击"上传图片"按钮,上传一张比例为 9∶16 的图片,准备扩成 16∶9。	 ↓ 

续表

步　骤	说明或截图
9. 单击"扩图"按钮,打开相应的工具栏,再单击"16∶9"按钮。设置好扩展后图片的比例。 单击"扩图"按钮,完成图片由 9∶16 扩展成 16∶9 的 AI 生成效果。	 ↓ 
10. 返回"智能画布"操作界面,单击"局部重绘"按钮。有局部重绘、局部转向两项可选,此处单击"局部重绘"按钮。 使用画笔在重绘的区域涂抹,在输入框中输入提示词,如渔船、帆船等,再单击"局部重绘"按钮,得到如右图所示的结果。 单击"完成编辑"按钮后,可将最终扩图和局部重绘的图片下载到本地。	↓

续表

步骤	说明或截图
10．返回"智能画布"操作界面，单击"局部重绘"按钮。有局部重绘、局部转向两项可选，此处单击"局部重绘"按钮。 使用画笔在重绘的区域涂抹，在输入框中输入提示词，如渔船、帆船等，再单击"局部重绘"按钮，得到如右图所示的结果。 单击"完成编辑"按钮后，可将最终扩图和局部重绘的图片下载到本地。	

任务四　AI 修 图

AI 修图

一、任务导入

AI 修图是一种利用人工智能技术对图像进行处理和优化的方法。通过海量的图像数据训练，AI 可以识别图像中的各种元素，如人、物、环境等，在优化品质、移除或添加对象、扩图、抠像等方面，展现了较高的工作效率、工作效果及商业价值。

二、任务实施

步骤	说明或截图
1．运行 FliFlik KleanOut for Photo 程序，出现如右图所示画面，该软件主要包括图片去水印、图片去物体、图片去背景和图片加水印四项功能。	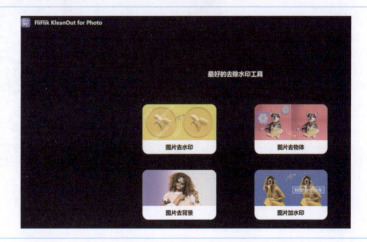

163

续表

步　骤	说明或截图
2. 单击"图片去水印"按钮,进入相应的工作界面,在虚线框中单击或拖曳一个带水印的图片文件至此。	 ↓ 
3. 在右侧的功能面板中选择"框选工具"覆盖水印所在的区域。 单击"消除"按钮,即可完美去除水印。	↓

续表

步　骤	说明或截图
3. 在右侧的功能面板中选择"框选工具"覆盖水印所在的区域。 单击"消除"按钮，即可完美去除水印。	
4. 单击左下角的"返回"按钮，回到 FliFlik KleanOut for Photo 主界面，再单击"图片去物体"按钮。 添加一张照片，准备去除画面中多余的人物。	 ↓ 

续表

步骤	说明或截图
5. 单击右侧面板中的"AI框选"按钮,选中照片中的两组人物。 单击"消除"按钮,去除照片中的两组人物,但效果并不好,如右图所示。 注:对于更加复杂的图片"去除"效果,就要用到更加专业的图形图像处理软件——Photoshop。	 ↓ 
6. 在 Adobe Photoshop 2024 中打开上述原图,准备用新增的 AI"移除工具"去除画面中多余的人物。	

续表

步骤	说明或截图
7. 单击左侧工具箱中的"移除工具",准备绘制移除区域。	
8. 使用"移除工具"在左边的两个人物上涂抹,绘制移除选区,Photoshop即刻开始移除人物操作,移除结果如右图所示。	 ↓ 

续表

步　骤	说明或截图
9. 继续使用"移除工具"在右边的两个人物上涂抹，绘制移除选区，Photoshop 即刻开始移除人物操作，移除结果如右图所示，实现了"清场"拍照的效果。	 ↓ 

任务五　AI　视　频

AI 视频

一、任务导入

　　AI 视频是指利用人工智能技术对视频进行处理、分析和生成的一种视频制作方法。用 AI 制作视频可大大简化短视频、中视频的创作流程，大大降低短视频、中视频的创作成本，大大缩短短视频、中视频的创作时间、周期，提高视频创作的性价比。

二、任务实施

步　　骤	说明或截图
1. PixVerse 可用三种方式生成视频,即文生视频、图生视频和角色生视频。 输入网址: https://app.pixverse.ai,注册、登录,进到 PixVerse 主界面。	
2. 初试 PixVerse,输入提示词"落霞与孤鹜齐飞,秋水共长天一色。"生成一段 5s 的视频。	
3. 单击"文生视频"按钮,打开相应的功能面板,在"提示词"文本框中输入"夏季的荷塘,荷叶上挂着露珠,随风摇曳"。 在"反向提示词"文本框中输入文本"月亮、杨柳"; 采用默认的"PixVerse V2.5"大模型,时长 5s。 单击"创建"按钮,PixVerse 将按提示词生成一个 5s 的视频文件;单击"下载"按钮,可将其下载至本地并以 MP4 格式加以保存。	

续表

步　　骤	说明或截图
3．单击"文生视频"按钮，打开相应的功能面板，在"提示词"文本框中输入"夏季的荷塘，荷叶上挂着露珠，随风摇曳"。 在"反向提示词"文本框中输入文本"月亮、杨柳"。 采用默认的"PixVerse V2.5"大模型，时长5s。 单击"创建"按钮，PixVerse将按提示词生成一个5s的视频文件；单击"下载"按钮，可将其下载至本地并以MP4格式加以保存。	
4．单击"图生视频"按钮，打开相应的功能面板，在"提示词"文本框中输入"7月，烈日当头，碧波荡漾，我在万平口看海，让海风尽情地吹"。 在"反向提示词"文本框中输入文本"月亮、杨柳"。 采用默认的"PixVerse V2.5"大模型，时长5s。 单击"创建"按钮。	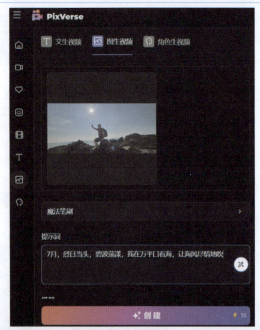
5．PixVerse将按正、反向提示词生成一个5s的视频文件。 单击"下载"按钮，可将其下载至本地并以MP4格式加以保存。	

续表

步骤	说明或截图
6. 单击左侧功能面板中的"角色库"按钮,进入角色创建操作。 上传一张人物图片,将其命名为 NT,单击"创建角色"按钮,稍候片刻,在角色库中可成功创建一个 NT 角色。	
7. 单击"角色生视频"按钮,打开相应的功能面板,在提示词输入框中输入文本"NT 正在台上面向学生讲授《AIGC 技术》,背后是 LED 大屏,上书'AIGC 技术'"。 在反向提示词输入框中输入文本"传统教室"。 采用默认的"PixVerse V2.5"大模型,时长 5s。 单击"创建"按钮。	

171

续表

步骤	说明或截图
8. PixVerse 将按正、反向提示词生成一个 5s 的视频文件。 单击"下载"按钮,可将其下载至本地并以 MP4 格式加以保存。	
9. 目前,世界领先的 AI 文生视频产品是美国 OpenAI 公司的 Sora：https://openai.com/index/sora/。 Sora 是一种人工智能模型,它可以从文本创建视频,即从文本指令中创建逼真和富有想象力的场景。	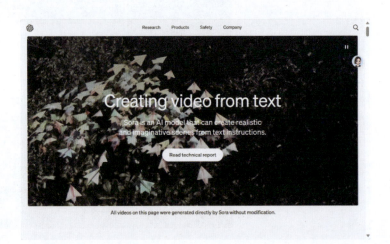

任务六　AI PPT

AI PPT

一、任务导入

AI PPT 是指利用人工智能技术使用一个主题、一张图、一个大纲或一个文案等创建演示文稿的方法。随着 AI 技术的不断发展,AI PPT 将能够更加高效、精准地理解用户需求,生成更符合用户意图、质量更高的演示文稿。

项目八　AI辅助技术

二、任务实施

步　　骤	说明或截图
1. Kimi 是北京月之暗面科技有限公司出品的 AI 智能助手。输入网址：https://kimi.moonshot.cn/，进到 Kimi 主界面。	
2. 单击左侧功能面板中的"PPT 助手"按钮，进入"和 PPT 助手的会话"操作界面。 　　在其上预置了使用"PPT 助手"提示词示例。 　　在下方的提示词输入框中可输入文本，也可上传多个文件。例如，输入提示词"以 2023 年全国职业院校'教学能力比赛中的 AI 技术运用'为主题，生成一份 PPT"。	
3. 依据提示词首先生成 PPT 文案大纲，此处的文案不能修改。 　　单击"一键生成 PPT"按钮，进入 PPT 制作。	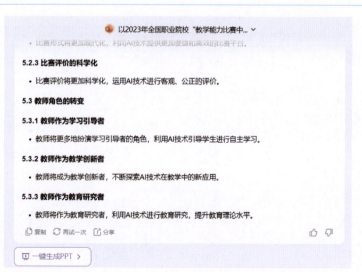

续表

步骤	说明或截图
4. 进入 PPT 模板选择界面,此处有模板场景、设计风格和主题颜色可选,确定模板场景、设计风格和主题颜色后,单击"生成 PPT"按钮,转到下一个环节。	
5. 参照 PPT 文案大纲及选定的模板,逐页生成 PPT,单击右侧的 PPT 页面缩略图,可对 PPT 的页面进行预览。	
6. 单击步骤 5 图中右侧的"去编辑"按钮,可对 PPT 页面内容进行在线编辑。	

续表

步骤	说明或截图
7. 选定页面中的图片,在上方的工具栏中选择"替换",即可用本地图片替换页面中对应的图片。	
8. 在下方的PPT页面滚动栏中选中某个页面,在上方的工具栏中选择一个页面样式,可对本页进行样式替换。	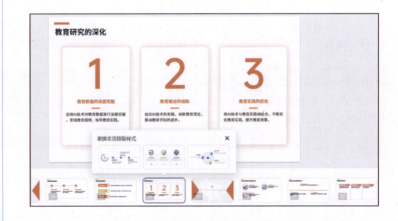
9. 单击右上方的"下载"按钮,可将制作好的PPT文档下载至本地并存储为PPTX或PDF格式的文档。	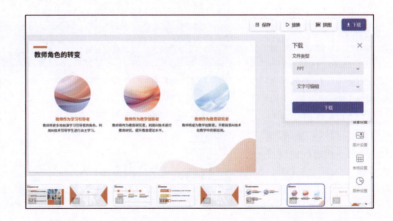

任务七 AI 分析

AI 分析

一、任务导入

　　AI 分析是人工智能技术在数据分析领域的深入应用,它利用先进的算法和模型对数据进行深度挖掘和智能处理,为各行各业提供有力的决策支持和优化方案。随着 AI 技术的不断发展和应用场景的不断拓展,AI 分析将在未来发挥更加重要的作用。

二、任务实施

步　　骤	说明或截图
1. 输入网址:https://www.tiangong.cn/,注册并登录天工 AI。 　　单击"AI 文档-音视频分析"链接,进到相应的操作界面。	
2. 上传一篇网文的链接:https://mp.weixin.qq.com/s/SS3zzYHcAA62_Tj7VKAScA,初步解析完毕,单击"确定"按钮。 　　天工 AI 将对原文进行详细分析、归纳和总结,同时还给出一些追问的题目供参考。	

续表

步骤	说明或截图
2. 上传一篇网文的链接：https://mp.weixin.qq.com/s/SS3zzYHcAA62_Tj7VKAScA，初步解析完毕，单击"确定"按钮。 天工 AI 将对原文进行详细分析、归纳和总结，同时还给出一些追问的题目供参考。	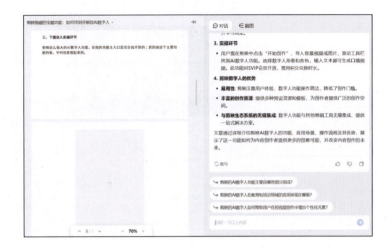
3. 单击右上角的"脑图"按钮，天工 AI 会将总结的结果形成一张思维导图并提供下载。	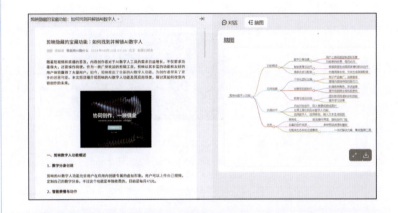
4. 返回"AI 文档-音视频分析"操作界面，单击"点击上传"按钮，上传一个 MP4 格式的视频文件； 天工 AI 开始解析文件，解析完毕，单击"确定"按钮。	

续表

步　　骤	说明或截图
5. 针对上传的视频文件，解析生成视频简介、语音对白的字幕文本以及追问的问题等。	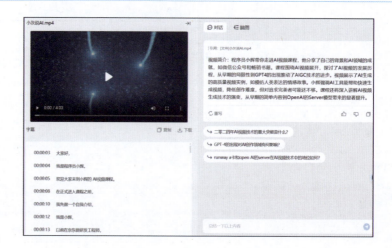
6. 单击字幕栏上的"下载"按钮，可将字幕以文本文件（TXT）的格式保存在本地。	
7. 输入网址：https://chatglm.cn/main/alltool-sdetail？lang＝zh，打开智谱清言——生成式 AI 助手。 注册、登录，进入主界面。	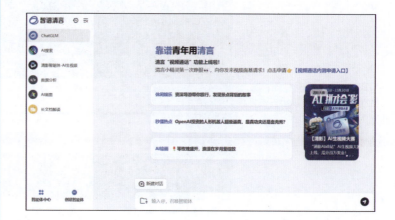

续表

步　　骤	说明或截图
8. 单击"数据分析"按钮,进入相应的功能板块,其中包括提示词输入示例、新建对话框等。	
9. 先上传一个 Office 文档或图片,再输入提示词"可以按我给出文件中的目录部分做个思维导图吗?"。 单击"发送"按钮,智谱清言开始进行数据分析,自行选择一种思维导图工具,将文档指定部分的内容转换为思维导图。	

续表

步骤	说明或截图
10. 单击步骤9中的"查看思维导图"按钮,显示相应的思维导图,成功实现了将文档目录转换为结构化的思维导图。	（思维导图截图）

任务八　AI数字人

AI数字人

一、任务导入

AI数字人是一种利用计算机图形学、人工智能、深度学习、语音合成等多种技术创造的虚拟形象。AI数字人具有高度逼真的外貌、语音和表现能力,能够通过多种模态(如语音、文字、图像等)与用户进行交互,提供个性化的服务和体验。

AI数字人在未来将逐步过渡到纯AI驱动的阶段,实现更高程度的智能化和自主化,在更多领域展现出其商业价值和社会影响力。

二、任务实施

步　　骤	说明或截图
1. 输入网址：https://zenvideo.qq.com/，启动腾讯智影，注册、登录，进入主界面。 　　单击"数字人播报"按钮，进入"数字人"设置界面。	 
2. 选定一个预置形象的数字人。	

续表

步　骤	说明或截图
3. 切换至"播报内容"面板，输入提示词"请对安徽倪彤教授做个简介，字数200左右。"再单击"创作文章"按钮。	
4. 对生成的文本进行编辑，再单击"保存并生成播报"按钮，开始进行数字人播报的初步合成。	
5. 单击"字幕样式"标签，对字幕的字体、字号和颜色等属性进行编辑，并可实时预览字幕编辑的效果。	

续表

步骤	说明或截图
6. 单击左侧的"图片背景"标签，给数字人添加一个图片背景。	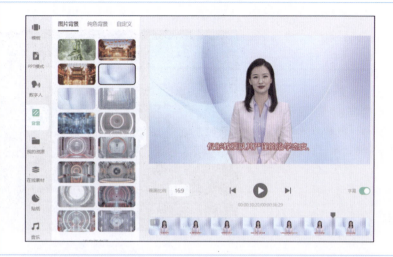
7. 单击右上方的"合成设置"按钮，将数字人按指定的位置和格式进行输出。	
8. 数字人制作的另外一种方法是使用剪映。 启动剪映，注册、登录进入主界面。	

续表

步骤	说明或截图
9. 单击上方的"开始创作"按钮,剪映进入编辑状态。	
10. 单击上方功能区的"文本"按钮,添加一行默认文本至轨道。 在右侧的"文本"标签下编辑其中的内容、字体、字号及颜色。	
11. 切换至右侧的"数字人"标签,选定一个数字人,单击"添加数字人"按钮。 调整"数字人"周边的控制按钮,对其进行缩放操作。	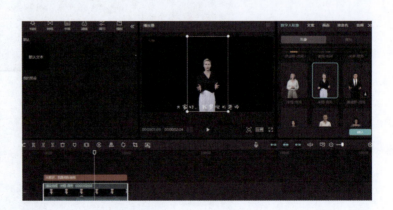

续表

步　骤	说明或截图
12. 单击上方功能区的"媒体"按钮,单击其中的"素材库"按钮。 从"素材库"中挑选一个素材并添加至轨道,作为"数字人"的背景。 分割背景素材使其与"数字人"时长相匹配。	
13. 单击右上方的"导出"按钮,打开相应的功能面板。 设置好视频标题、存储位置等,单击"导出"按钮,完成最终的"数字人"作品输出。	

参 考 文 献

[1] 信息化教学指导委员会赛事委员会.全国职业院校信息化教学大赛部分优秀作品点评[M].北京:高等教育出版社,2016.
[2] 河南省职业技术教育教学研究室.信息化教学能力提升教程[M].北京:北京师范大学出版社,2018.
[3] 孙方.PowerPoint! 让教学更精彩:PPT课件高效制作[M].北京:电子工业出版社,2015.
[4] 倪彤,许文静,张伟.信息化教学技术[M].北京:清华大学出版社,2020.